AF145964

Monas Lustmann

Neues vom Antisemitismus

Am 4. November 2008 fasste der Deutsche Bundestag den Beschluss, den Kampf gegen Antisemitismus zu verstärken und jüdisches Leben in Deutschland weiter zu fördern. Daraufhin beauftragte die Bundesregierung ein unabhängiges Expertengremium, einen Bericht zum Antisemitismus in Deutschland zu erstellen. Das Fazit dieses Berichtes, der am 23. Januar 2012 vorgestellt wurde, bestand im Wesentlichen darin, dass „latent antisemitische Einstellungen, also Denkmuster, die sich nicht in Straftaten äußern, in erheblichem Umfang bis in die Mitte der Gesellschaft verankert sind.

Für meine Mutter, meinen Vater, meine Cousine Golda und meinen Onkel Nat.

Monas Lustmann

Neues vom Antisemitismus

Die Suche nach der Ursache

Bibliografische Information der Deutschen Nationalbibliothek:
Die Deutsche Nationalbibliothek verzeichnet diese Publikation in
der Deutschen Nationalbibliografie; detaillierte bibliografische
Daten sind im Internet über http://dnb.dnb.de abrufbar.

Herstellung und Verlag: BoD – Books on Demand, Norders-
tedt

ISBN: 978-3-738641417

Inhaltsverzeichnis

Vorwort

Dieses Buch entstand, als ich im Jahre 2004 begann, mich für die Ursache des Judenhasses zu interessieren. Betonen möchte ich, dass ich kein Historiker bin und alle historischen Ereignisse im Internet recherchiert habe. Daher erhebe ich keinen Anspruch auf die Richtigkeit von Begebenheiten, Namen und Daten. Quellenangaben habe ich so weit wie erforderlich angegeben. Sollten Sie falsche Textpassagen feststellen, so bitte ich um Nachsicht. Sie können mich aber auch gerne über den Verlag informieren.

Meine Eltern

Meine Eltern lernten sich im Mai 1945 auf dem Bahnhof von Lodz/Polen kennen. Damals wimmelte es dort von Juden, die den Holocaust überlebt hatten und nun nach überlebenden Familienmitgliedern suchten. Sie harrten auf den Bahnsteigen aus und warteten auf ankommende Züge. Doch die meisten Juden hatten kein Glück, denn 2.7 Millionen der ehemals 3 Millionen polnischen Juden waren tot.

Meine Mutter wurde in Schaulen/Litauen geboren und war jüngste Tochter einer jüdischen Großfamilie. Sabbat hüpfte sie immer hübsch herausgeputzt zwischen ihren Schwestern, Onkeln und Tanten, Cousinen und Cousins herum und ließ sich von allen bewundern.

Als die deutsche Wehrmacht am 24.6.1941 in Litauen einmarschierte, wurde die 13-jährige jäh aus ihrer Geborgenheit herausgerissen. Überall wurden die Juden zusammengetrieben und von Einsatzkommandos der SS erschossen. Am 1.12.1941 berichtete der SS-Standartenführer Karl Jäger:

„Ich kann heute feststellen, dass das Ziel, das Judenproblem für Litauen zu lösen, vom EK. 3 erreicht worden ist. In Litauen gibt es keine Juden mehr, außer den Arbeitsjuden incl. ihrer Familien" (Quelle: „http://de.wikipedia.org/wiki/Karl_J%C3%A4ger").

Die „arbeitsfähigen" Juden kamen in das 190 km entfernte Getto von Vilnius. Hier wurden sie „zwischengelagert" und dann schubweise in das über 500 km entfernte KZ Stutthof (nahe Danzig) befördert. Im

Allgemeinen wurden etwa 150 Menschen in offene Güterwaggons gepfercht, was zur Folge hatte, dass viele Juden schon während der Fahrt elendig erstickten. Als der Zug im KZ Stutthof ankam, muss meine künftige Mutter zutiefst erschrocken sein. Die Häftlinge waren ausgemergelt und litten an schweren Infektionen. Wie später bekannt wurde, war Stutthof eines der unhygienischsten KZs im Deutschen Reich. Eine medizinische Hilfe existierte nicht und wer nicht arbeiten konnte, wurde kurzerhand erschossen.

Meine Mutter schlug sich nach ihrer Befreiung aus dem KZ in ihre Heimatstadt Schaulen durch. Doch da war niemand mehr, den sie kannte. Verzweifelt lief sie in den Gassen herum, bis sie hörte, dass sich viele der überlebenden Ostjuden im polnischen Lodz sammelten. Da machte sie sich auf den Weg in die 700 km entfernte Stadt. Bei ihrer Ankunft lernte sie meinen Vater kennen, der die nunmehr 17-jährige bei sich aufnahm.

Mein Vater war in Lodz/Polen geboren. Er hatte eine große Familie: Eltern, Großeltern, vier Brüder und drei Schwestern. Als die Wehrmacht in Polen einmarschierte, ging er seiner Arbeit als gelernter Hutmacher nach. Das war nun vorbei, denn die Juden wurden scharenweise ins Lodzer Getto getrieben. Dieses Getto war wie alle Gettos Zwischenstation für spätere Deportationen in verschiedene Vernichtungs- und Arbeitslager. Mein Vater kam in das 220 km entfernte Auschwitz. Als bei seiner Einlieferung ein Koch gesucht wurde, meldete er sich spontan, obwohl er gar nicht kochen konnte. Er lernte jedoch schnell und beherrschte bald die notwendigen Kochkünste. Wie er mir einmal erzählte, schmuggelte er nach der Arbeit Speisereste in seine Baracke. Hätte man ihn dabei erwischt, wäre er umgehend exekutiert worden.

Wegen des Vorrückens der Roten Armee wurden im Januar 1945 rund 60.000 Häftlinge von Auschwitz in den Westen evakuiert. Mein Vater war einer von ihnen. Als der Güterzug einmal auf offener Strecke stehen blieb, sprang er ab und flüchtete. Er schlug sich in seine Heimatstadt Lodz durch, wo er dann meine Mutter kennenlernte.

Kurz nachdem sich meine Eltern kennengelernt hatten, wurde meine Mutter schwanger. In dieser Zeit kam einer der beiden überlebenden Brüder meines Vaters nach Lodz, um nach seinen Familienangehörigen zu suchen. Es dauerte nicht lange und die beiden Brüder liefen sich über den Weg. Sie fielen sich in die Arme und nach einigen Tagen entschlossen sich meine Eltern, ihm nach Deutschland zu folgen. Er lebte damals mit seiner Frau auf einem Bauernhof im schwäbischen Türkheim. Übrigens überlebte von den zahlreichen Familienmitgliedern meiner Mutter nur ein Onkel.

Am 27.04.1946 wurde ich in Bad Wörishofen geboren. Leider funktionierte die Ehe meiner Eltern nicht lange. Sie waren durch ihre KZ-Erlebnisse schwer traumatisiert und eine psychologische Hilfe gab es damals nicht. Kurz nach meiner Einschulung stand meine Mutter plötzlich mit ihrem kleinen Koffer vor mir und schaute mich traurig an. Ich brach in Tränen aus und warf mich an sie. Während sie mich an sich drückte, flehte ich sie an, dazubleiben. Doch sie hatte sich entschlossen, nach Israel zu gehen. Dort, wo sie keine Angst vor den Nazis haben musste. Da mich mein Vater nicht mitgehen ließ, schwor sie beim Heiligen Gott, dass sie eines Tages zurückkommen und mich zu sich holen würde. Dann ging sie und ließ mich allein in meinem Schmerz.

Dieses frühe Trauma trieb mich Jahrzehnte lang an, unermüdlich nach dem Glück zu suchen. Ich war ein sog. Feiertagsjude, was bedeutete, dass ich nur an den hohen jüdischen Feiertagen in die Synagoge ging, aber nicht um zu beten, sondern um meine Freunde zu treffen. Demzufolge machte ich mir nicht viel aus der jüdischen Religion. Als ich 1979 an einem seelischen Tiefpunkt angelangt war, begab ich mich nicht in Behandlung eines Seelendoktors, sondern reiste nach Indien, wo ich im Ashram von Pune mehrere Selbsterfahrungsgruppen machte.

Als Schüler von Bhagwan (später Osho) kehrte ich drei Monate später nach München zurück und begann, regelmäßig zu meditieren. Genau dreißig Jahre später machte ich die Erfahrung, dass sich tief in meinem Inneren ein unbegrenzter Raum verbarg, der vollkommen leer und unpersönlich war. Infolge dessen wurde ich im Laufe der nächsten Jahre immer mehr auf meinen natürlichen Zustand aufmerksam, der sich als stille Freude zeigte. So besehen machen Hass, Völkermord und Kriege keinen Sinn, denn die Erfüllung allen menschlichen Sehnens liegt innen, dort wo wir eins sind mit Gott.

Die Flucht

Als ich im Jahr 2004 in einer spirituellen Monatszeitschrift einen Artikel las, in dem der Herausgeber seine geschäftlichen Schwierigkeiten mit der Situation der Juden im Dritten Reich verglich, da stieg einige Verärgerung in mir hoch. Der Herausgeber, der sich als Opfer der etablierten Presse sah, schrieb, dass die Juden versäumt haben mögen, vor ihren Deportationen zu fliehen oder der Perfide des Naziregimes gegenüber naiv gewesen sind, aber man könne ihnen nicht die ganze schwere Schuld am Holocaust auferlegen, ja kaum einen Teil davon (Quelle: „http://de.wikipedia.org/wiki/Karl_J %C3%A4ger").

Haben die Juden wirklich versäumt, vor ihren Deportationen zu fliehen? Und waren sie der Perfide des Naziregimes gegenüber tatsächlich zu naiv gewesen? Und konnte man ihnen eine Teilschuld am Holocaust auferlegen? Nachdem ich mich bei dem Herausgeber, übrigens ein guter Freund von mir, wegen seines merkwürdigen Vergleichs per Leserbrief beschwert hatte, wollte ich herausfinden, ob die Juden tatsächlich versäumt hatten, vor ihren Deportationen zu fliehen. Ich begann im Internet zu recherchieren:

Als die ca. 500.000 im Deutschen Reich lebenden Juden nach Hitlers Wahl zum Reichskanzler (1933) zunehmend diskriminiert wurden, da wollten die Meisten von ihnen tatsächlich auswandern. Doch das war viel schwieriger, als man sich das heute so vorstellt. Die Welt litt damals unter den Nachwirkungen der Weltwirtschaftskrise von 1929. Wegen der überall vorherrschenden Massenarbeitslosigkeit wurden die

Einwanderungsquoten in vielen Ländern eingeschränkt. Das galt auch für Palästina, wenn auch aus ganz anderen Gründen. Einwanderungsvisa wurden nur an Personen erteilt, die bestimmte Voraussetzungen erfüllten. Dazu gehörten zum einen qualifizierte Arbeiter für Handwerk und Industrie und zum anderen Bürgschaftsnachweise. Da die deutschen Juden hauptsächlich akademisch oder kaufmännisch ausgebildet waren, blieb ihnen meistens nur der Weg über die Bürgschaften.

Zwischen 1933 und 1937 verließen ca. 135.000 deutsche Juden das Deutsche Reich. Aus Polen emigrierten im gleichen Zeitraum ca. 500.000 Juden, hauptsächlich in die USA und nach Südamerika. Nach der Reichskristallnacht vom 9.11.1938 spitzte sich die Lage zu. Um Einreisegenehmigungen zu erhalten, belagerten die Juden die Botschaften in ganz Europa. Diese waren jedoch auf derartige Anstürme nicht vorbereitet. Bis Ende 1939 verließen trotzdem noch einmal ca. 145.000 Juden das deutsche Reichsgebiet und wanderten in mehr als 90 Länder aus.

Ab 1941 verhängten die Nazis ein Ausreiseverbot für die Juden. Um sie zu diskriminieren, wurden sie weitgehend aus dem öffentlichen Leben verbannt. Bald darauf wurden sie von den Schutzstaffeln (SS) der NSDAP zusammengetrieben und in Güterzüge verladen. Statt in die Freiheit nach Amerika, Frankreich, Großbritannien, Shanghai oder Palästina zu gelangen, kamen sie nun in die Arbeits- und Todeslager der Nazis.

So weit zu den Möglichkeiten der Juden, vor ihren Mördern zu fliehen. Ob es unter ihnen viele gab, die der Perfide des Naziregimes gegenüber zu naiv gewesen sind, kann ich nicht beurteilen. Ich kann aber definitiv ausschließen, dass die Juden auch nur die geringste Schuld am Holocaust trugen. Ich fragte mich jedoch zum wiederholten Mal, warum der Antisemitismus überhaupt existierte. Es gab verschiedene Theorien und Meinungen, aber eine offiziell gültige Erklärung war mir unbekannt. Daher begann ich, mich stärker für das Thema zu interessieren.

Die Reise beginnt

Ich befragte viele Bekannte nach ihrer Meinung zum Antisemitismus. Es kamen Antworten, wie: „Das weiß ich nicht, aber irgendwann muss mal Schluss sein mit der ewigen Rücksichtnahme" oder „Das mit dem Holocaust war vor meiner Zeit!" oder „Vielleicht sind die ja wirklich so."

Auch im Internet fand ich keine plausiblen Erklärungen. Lediglich Sigmund Freud wollte einen ödipalen Konflikt erkannt haben:

„Ich wage die Behauptung, dass die Eifersucht auf das Volk, welches sich für das erstgeborene, bevorzugte Kind Gottvaters ausgab, bei den anderen Kindern bis heute noch nicht überwunden ist. Das Judentum war eine Vaterreligion gewesen, das Christentum wurde eine Sohnesreligion." (Quelle: http://de.wikipedia.org/wiki/Antisemitismusforschung#Psychoanalyse).

An Sigmund Freuds Aussage war was dran, doch genügten mir seine tiefenpsychologischen Erklärungen nicht.

Im Jahr 2006 erkundigte ich mich im Buchladen der neuen Münchner Jüdischen Synagoge, welche Literatur es zu meiner Frage gab. Doch zu meiner Überraschung behauptete die Verkäuferin, dass es hierüber keine Bücher gäbe. Als ich wissen wollte, wie das sein konnte, antwortete sie, dass das eben niemand so genau wüsste. Wie konnte es möglich sein, dass sich die Welt darüber einig ist, dass sich der Holocaust niemals wiederholen darf, gleichzeitig aber niemand weiß, wieso der Judenhass überhaupt existiert?

Die „Anti-Defamations-League" (ADL) führte 2007 in Deutschland, Frankreich, Italien, Polen und Spanien eine Befragung durch, nach der 43% der Interviewten glaubten, dass die Juden zu viel Einfluss auf die internationalen Finanzmärkte besitzen. Und 47% fanden, dass sie zu viel Aufhebens um den Holocaust machten.

Am 28.11.2008 erschien eine Pressenotiz einer neuen Studie der Universität Leipzig. Die Frage lautete: „Stimmen Sie zu, dass Juden für ihre Ziele, mehr als Andere, mit „üblen Tricks" arbeiten?" 18% der Befragten bejahten diese Frage. Fast ebenso viele meinten, dass die Juden hätten „etwas Besonderes und Eigentümliches an sich und würden nicht so recht zu uns passen."

Als Papst Benedikt am 11.05.2009 eine Rede in der Holocaust Gedenkstätte Yad Vaschem hielt, da löste er nicht nur unter den Juden Betroffenheit aus. Denn er enthielt sich jeder Stellungnahme zum Holocaust-Leugner Richard Williamson und zum Schweigen der Kirche während der Hitler-Zeit. „Die Welt" zitierte Israels Parlamentspräsident Reuwen Rewlin, der die Papst-Rede als kalt und abstrakt empfunden hatte (http://www.welt.de/welt_print/article3728844/Papst-Rede-inYad-Vaschem-war-kalt-und-abstrakt.html).

Was mochte den Papst geritten haben, eine derartige Rede zu halten? Die Antwort ist einfach: Benedikt gehörte zu den Hardlinern des Vatikan, die die Juden immer noch bekehren wollten. Und da passte eine Bitte um Vergebung nicht in sein Konzept. Seine diesbezügliche Absicht zeigte sich bereits in seiner neu formulierten „Karfreitagsbitte für die Juden", die ein Jahr zuvor am 4.02.2008 vom Vatikan öffentlich bekannt gemacht wurde.

Die Karfreitagsfürbitte für die Juden stammt aus dem 6. Jahrhundert. Sie nannte die Juden treulos und bat Gott darum, den Schleier von ihren Herzen zu nehmen, ihnen die Erkenntnis Jesu Christi zu schenken und so der Verblendung ihres Volkes und der Finsternis zu entreißen. Die Karfreitagsfürbitte für die Juden wurde seither immer wieder neu verfasst. Die von Benedikt publizierte Neuformulierung ist immer noch gültig (Stand Mitte 2015). Sie lautet:

„Lasst uns auch beten für die Juden, auf dass Gott, unser Herr, ihre Herzen erleuchte, damit sie Jesus Christus erkennen, den Retter aller Menschen. Allmächtiger ewiger Gott, Du willst, dass alle Menschen gerettet werden und zur Erkenntnis der Wahrheit gelangen. Gewähre gnädig, dass beim Eintritt der Fülle aller Völker in Deine Kirche ganz Israel gerettet wird. Durch Christus, unseren Herrn. Amen." (https://de.wikipedia.org/wiki/Karfreitagsf%C3%BCr-bitte_f%C3%BCr_die_Juden).

Als ich die „Karfreitagsfürbitte für die Juden" zum ersten Mal las, musste ich den Kopf schütteln. Den Anspruch der katholischen Kirche, die Wahrheit für sich alleine gepachtet zu haben, empfand ich als anmaßend. Als mir aber bewusst wurde, dass der Papst mit seinem neu formulierten Text ins finsterste Mittelalter zurückgefallen war, war er bei mir völlig unten durch. Er widersprach nämlich den Beschlüssen des Zweiten Vatikanischen Konzils vom 28.10.1965, das eine Abkehr vom antijüdisch definierten Wahrheitsanspruch der römisch-katholischen Kirche beinhaltete. Mein guter Rat an den Vatikan: Er sollte diese Karfreitagsbitte im Namen der Menschlichkeit aus ihren Gebeten streichen oder sie mutig als „Karfreitagsbitte für alle Nichtchristen" neu schreiben.

Während der eingangs erwähnte Antisemitismusbericht des Bundestages lediglich die gegenwärtigen Erscheinungsformen des Antisemitismus widerspiegelt, ging es mir um die Ursachen, die den Judenhass als solchen hervorriefen. Begleiten Sie mich nun in die Vergangenheit. Ich bin der Sache auf den Grund gegangen und habe herausgefunden, was der Kirche nicht gefallen wird.

Abrahams Ahnen

Der jüdische Patriarch Hillel II. berechnete um 350 n. Chr. den Zeitpunkt der Schöpfung und kam auf das Jahr „3761 v. Chr." Als Grundlage diente ihm das 1. Buch Mose, das von Adam bis Moses 19 Generationen aufzählte. Der religiöse jüdische Kalender richtet sich bis heute nach Hillels Kalender. Doch längst wissen wir, dass Adam nicht der erste Mensch war. Der Homo sapiens (der moderne Mensch) ist vor rund 100.000 bis 200.000 Jahren entstanden. Er entwickelte sich aus der Gattung der Menschenaffen, deren älteste Arten (Homo rudolfensis und Homo habilis) vor rund 1,5 bis 2,5 Millionen Jahren lebten.

Berühmtheit erlangte z. B. das Skelett der am 30.11.1974 in Äthiopien gefundenen Lucy. Lucy gehörte zur Gattung des Australopithecus afarensis, deren verwandtschaftliche Nähe zu den Arten der Gattung „Homo" jedoch ungeklärt ist. Lucy wurde angeblich so genannt, weil bei den Ausgrabungen ständig der Beatles-Song „Lucy in the sky with diamonds" gespielt wurde. Lucy´s Alter wurde zuletzt mit Hilfe von hoch auflösenden Computertomographie-Simulationen auf ca. 3,2 Millionen Jahre geschätzt.

Lt. Bibel aber waren Adam und Eva die ersten Menschen. Sie gebaren Kain, Abel und Seth. Seth zeugte Noah. Auf Noah folgten Sem, Ham und Japheth. Dann kamen Arphachsad und Terach, der Vater von Abraham. Da Abraham bekanntermaßen der erste Jude war, fragte ich mich, welche Religion sein Vater hatte. Und nun wurde es interessant. Denn ich fand heraus, dass er Abraham in Ur (heutiges Irak) gezeugt hatte. Ur war lt. wissenschaftlichen Erkenntnissen eine der ältesten Stadtgründungen der Sumerer. Daher waren Abrahams Vater Terach, ebenso wie dessen Vorfahren, sumerische Heiden. Ich begann mich für die sumerische Mythologie zu interessieren. Ich stellte fest, dass sich die sumerischen Geschichten zum Teil in der Bibel wiederfinden. So glaubten die Sumerer an Schöpfergötter, die Lehm vom Ackerboden nahmen und die Menschen nach ihren Abbildern erschufen.

Auch die Sintflut kommt bereits in der sumerischen Schöpfungsgeschichte vor: Zum einen geht sie aus der sumerischen Königsliste hervor, die um 1900 n. Chr. bei Ausgrabungen in Mesopotamien gefunden wurde. Sie unterscheidet zwischen Königen „vor" und „nach" der großen Flut. Geschrieben wurde sie auf Tontafeln, in der typischen, von den Sumerern entwickelten Keil-schrift. Zum anderen wird die Geschichte der Flutka-tastrophe auch auf der elften Tafel des „Gilgamesch-Epos" erzählt. Hier wurde ein Mann namens „Utma-pischtim" (sumerisch: Ziusudra) vom Süßwassergott Enki vor einer Flutkatastrophe gewarnt. Daher baute er ein Boot, mit dem er sich, seine Angehörigen und auserwählte Tiere vor dem Hochwasser rettete. Übri-gens finden sich Erzählungen über die Sintflut in den verschiedensten Regionen der Welt. Bisher wurden 268 Berichte untersucht und festgestellt, dass einige so viele Gemeinsamkeiten mit der Bibel aufweisen, dass jeder Zufall ausgeschlossen wird. Als mythische Vorläufersage wird jedoch stets die Flutkatastrophe des Gilgameschepos genannt.

Noch ein Hinweis, dass die Bibel in der sumerischen Mythologie wurzelt: Lt. Bibel waren Adam und Eva die ersten Menschen. In der sumerischen Schöpfungs-geschichte dagegen hieß Adams Frau „Lilith". Aber auch den jüdischen Legenden nach war nicht Eva, sondern Lilith Adams Frau. Lesen Sie die Legende:

Als Gott mit Adam den ersten Menschen erschaffen hatte, da sprach Er: „Es ist nicht gut, dass der Mensch alleine sei." Da erschuf Er eine Frau aus Lehm und nannte sie Lilith. Da sie jedoch emanzipiert war und beim Sex auf Adam reiten wollte, geriet er in heftige Wut. Erbost verweigerte Lilith dem Adam daraufhin die Gefolgschaft und verließ ihn. Nachdem sich Adam bei Gott beschwert hatte, schickte dieser Lilith in die Wüste und erschuf aus Adams Rippe die verführeri-sche Eva.

Im Gilgamesch-Epos wird folgende Geschichte er-zählt: Hier lebte Lilith als Göttin im Stamm des ewi-gen Weltenbaumes, während oben im Wipfel der gött-liche Himmelsvogel sang und im feuchten und dunklen Wurzelwerk die Schlange wohnte, die uns auch im Garten Eden begegnet.

Ich stellte mir die rhetorische Frage, wie die sumeri-schen Mythen in die jüdischen Überlieferungen gelan-gen konnten? Die logische Erklärung war die, dass die jüdischen Mütter und Großmütter ihre Kinder zu Abrahams Zeiten nicht anders erzogen, als auch heute: Sie erzählten ihnen die Märchen aus uralten Zeiten.

Zum Schluss noch eine weitere Tatsache: Zunächst einmal weiß niemand genau, woher die Sumerer stammten. Nach wissenschaftlichen Untersuchungen tauchten sie ab etwa 3100 v. Chr. plötzlich im Gebiet

von Mesopotamien auf und breiteten sich dort weit-
räumig aus. In einem Punkt sind sich die Forscher jedoch einig: Die Sumerer waren keine Semiten. Ihren
Zeichnungen nach hatten sie mongoloide Züge und
daher wird allgemein angenommen, dass sie aus dem
Osten kamen. Eine These besagt, dass sie Stämme der
Nomaden gewesen sein konnten, die sich Arier nannten.

Die Arier breiteten sich ab dem 3. Jahrtausend v. Chr.
von ihrer Urheimat, den Steppen westlich des Urals,
in die zentralasiatische Steppe aus und teilten sich dort
in zwei Hauptzüge. Ein Zweig fand seinen Weg nach
Iran und der andere nach Indien. Da dieser Prozess
über Jahrhunderte andauerte, glaubt man, dass verschiedene Gruppierungen des iranischen Zweigs in die
fruchtbaren Ebenen Mesopotamiens gelangten. Sollte
das wahr sein, dann sind die Arier die Vorfahren der
Juden und Hitler hätte allen Grund, sich vor lauter Är-
ger im Grab umzudrehen. Wie auch immer, die Geschichte der Bibel über die Entstehung der Welt ist
nur ein Mythos. Was sich in Wirklichkeit abgespielt
hat, wissen wir nicht genau.

Die Bibel

Die Bibel (hebr.: Tanach) ist eine Sammlung von Schriften, die aus Überlieferungen bestehen, die die Juden über Generationen mündlich weitergaben. Niedergeschrieben wurde sie ab ca. 1000 v. Chr. Da sie erst 100 n. Chr. kanonisiert (heiliggesprochen) wurde, dauerte ihre Bearbeitung insgesamt 1100 Jahre. Die christliche und die jüdische Bibel sind identisch. In der christlichen Bibel wurde lediglich das Leben Jesu hinzugefügt. Der Islam wiederum erkennt sowohl das alte als auch das neue Testament als seinen Ursprung an.

Abraham wurde um 1900 v. Chr. in Ur geboren. Da die Stadt zu dieser Zeit von den Babyloniern besetzt war, übersiedelte Abrahams Vater mit seiner Sippschaft in das ebenfalls sumerische Harran (Türkei). Wie Sie wissen, offenbarte Sich Gott hier dem Abraham und forderte ihn auf, in das Land Kanaan zu ziehen. An dieser Stelle möchte ich bemerken, dass ich bezweifle, dass Gott in der Form existiert, in der ihn die Menschen sehen wollen. Für mich ist Er Unendlichkeit, die sich durch Stille, Frieden, Liebe und Glückseligkeit auszeichnet. Daher mag sich diese Unendlichkeit dem Abraham offenbart haben, doch die Auswanderung nach Kanaan war Abrahams persönlicher Wunsch. Vielleicht wollte er auf diese Weise eine eigene Religion gründen.

Doch zurück zur Bibel: Sie berichtet, dass Abraham dem Befehl seines neuen Herrn folgte und tat, wie ihm geheißen. In Kanaan jedoch konnte er nicht bleiben, weil eine Hungersnot ausbrach. Daher zog der Clan weiter und siedelte sich in Ägypten an. Als Abraham zu Wohlstand gekommen war, zog er nach Kanaan zurück, um sich endgültig dort niederzulassen.

Die Bibel berichtet, dass Gott dem Abraham weitere Male erschien, einen Bund mit ihm schloss und als Bundeszeichen die Beschneidung Seines Volkes forderte. Doch Halt, hier stimmt was nicht: Ein aus dem Jahr 2420 v. Chr. in Ägypten existierendes Relief stellt nämlich bereits eine Beschneidung dar (https://de.wikipedia.org/wiki/Zirkumzision). Damit steht fest, dass die Beschneidung schon vor dem Judentum existierte.

Die Beschneidung wurde in Ägypten bekannt, als ägyptische Priester beschnittene Penisse an ihren nubischen Gefangenen entdeckt hatten. Es sei hier am Rande vermerkt, dass das geheimnisvolle Nubien von den Ägyptern immer wieder überfallen und ausgebeutet wurde. Im Mittelpunkt der ägyptischen Interessen standen Gold, Elfenbein, Ebenholz und Sklaven.

Abraham wurden zwei Söhne geboren: Ismael, der Urahn des Mohammed und Isaak, der Urahn jüdischer Propheten. Isaak hatte zwei Söhne, Esau und Jakob. Jakob wiederum hatte zwölf Söhne, aus denen die zwölf Stämme Israels hervorgingen. Nach einer komplizierten Familiengeschichte und wegen einer Hungersnot siedelten die Israeliten schließlich nach Ägypten um, wo sie vom Pharao geduldet wurden. Doch als dieser starb, wurden sie von seinem Nachfolger versklavt.

Vierhundertunddreißig Jahre dauerte die Gefangenschaft an. Dann kam es unter Moses zum Auszug aus Ägypten. Nachdem er mit seinem Volk vierzig Jahre lang durch die Wüste herumgeirrt war, bestieg er den Berg „Sinai", um über den Sittenverfall seines Volkes nachzudenken. Er dachte an die Zeit zurück, als er noch ein Kind war. Der ägyptische Pharao Ramses II. hatte den Befehl gegeben, alle männlichen israelitischen Neugeborenen umzubringen. Daher hatte ihn die Mutter drei Monate lang unter Tüchern und Decken versteckt. Um sein Leben zu retten, hatte sie ihn schließlich in einen Korb gelegt und im Schilf des Nils ausgesetzt. Es fügte sich, dass er von der Tochter des Pharao gefunden wurde. Sie nannte ihn Moses (übs.: aus dem Wasser gezogen) und adoptierte ihn. Die von ihr engagierte Amme war jedoch niemand anderes, als Moses´ Mutter. So erfuhr er später die Wahrheit über seine Herkunft.

Als Moses herangewachsen war und eines Tages einen Ägypter erblickte, der einen Israeliten schlug, da packte ihn die Wut und er erschlug den Übeltäter. Dadurch jedoch zog er den Zorn des Pharaos auf sich und musste fliehen. Als er fern von Ägypten Schafe hütete, da erschien ihm der Gott Abrahams und befahl ihm, das israelitische Volk zurück nach Kanaan zu führen. Moses bekam Angst und wollte fliehen, doch Gott versprach ihm Hilfe. Daraufhin fasste Moses Mut und kehrte nach Ägypten zurück. Doch der Pharao wollte die Juden nicht ziehen lassen. Erst als Moses die Schlangen der pharaonischen Zauberer mit Gottes Wunderstab besiegte, durften sie sich auf den Weg machen. Lt. vorsichtigen Schätzungen zählten sie etwa 600.000 Männer, wobei die Frauen und Kinder nicht mitgerechnet wurden.

Jetzt saß Moses also auf dem Berg „Sinai" und seufzte. Wie glücklich alle waren, als sie in die Heimat aufbrachen. Und nun waren die Juden verroht und er schämte sich ihrer. „Mein Gott" dachte Moses verbittert, „Was ist nur aus Deinem Volk geworden?" Da plötzlich antwortete der Ewige: „Vierzig Jahre Sonne waren zu viel. Wenn Du mich fragst, haben die alle einen Sonnenstich." Moses erschrak und rief dann aus: „Aber sie töten, brechen Ehen, stehlen, machen Falschaussagen und gelüsten nach Hab und Gut und den Weibern ihrer Nächsten." Da schlug Gott vor: „Führe sie auf den Pfad der Tugend zurück." Da fragte Moses erschrocken: „Wer, ich?" Da antwortete Gott: „Ja, und gebe ihnen für jeden Finger ein Gebot." Moses setzte sich nieder und betrachtete seine Hände. Dann begann er zu schreiben. Zunächst erinnerte er das Volk der Juden an die Errettung aus der Sklaverei. Dann ließ er zwei Warnungen folgen, die schreckliche Strafen androhten, wenn die Gebote nicht befolgt werden würden. Schließend kam die eigentliche Gesetzgebung.

Als Moses wieder vom Berg Sinai herabstieg, sah er, dass die Israeliten um ein Goldenes Kalb herumtanzten. Dieses symbolisierte Nanna, den Orakel verkündenden sumerischen Stadt- und Mondgott von Ur und Harran. Moses wartete still, bis sich alle Augen auf Ihn gerichtet hatten. Dann rief er mit gewaltiger Stimme: „Volk Israel, halte ein. Ihr seid Gottes Auserwähltes Volk. Hiermit übergebe ich Euch die Zehn Gebote des Ewigen."

Als die Israeliten die beiden Tontafeln in den Händen hielten, begannen sie sich zu fürchten. Denn Gott hatte ihre Sünden gesehen und nun würde Er die Missetaten heimzahlen an ihren Kindern und Kindeskindern bis ins vierte Glied. Lesen Sie die ersten drei Gebote des Moses:

1. Gebot:

„Ich bin Jahwe, dein Gott, der dich aus Ägypten geführt hat, aus dem Sklavenhaus."

2. Gebot:

„Du sollst keine anderen Götter haben neben Mir. Du sollst Dir kein Bildnis noch irgendein Gleichnis machen, weder von dem, was ob im Himmel, noch von dem, was im Wasser unter der Erde ist. Bete sie nicht an und diene ihnen nicht, denn Ich der Herr, Dein Gott, bin ein eifernder Gott, der die Missetaten der Väter heimsucht, bis ins dritte und vierte Glied an den Kindern derer, die Mich hassen, aber Barmherzigkeit erweise an denen, die Mich lieben und Meine Gebote halten."

3. Gebot:

„Du sollst den Namen des Herrn, Deines Gottes nicht missbrauchen, denn der Herr wird den nicht ungestraft lassen, der Seinen Namen missbraucht."

Wenn man diese Gebote liest, dann wird einem klar, dass die Drohungen nicht von einem allwissenden, allverzeihenden und allbarmherzigen Wesen formuliert wurden, sondern von Moses selbst. Auf diese Weise wollte er dem Sittenverfall seines Volkes Einhalt gebieten.

Bald nachdem Moses gestorben war, betraten die Hebräer um 1250 v. Chr. den Boden des Heiligen Landes. Danach trennten sich ihre Wege. Ein Teil suchte nach Vorfahren, die Kanaan nie verlassen hatten, andere Teile nahmen die von Ureinwohnern besetzten Landstriche mit Gewalt. Dieser Umstand trug möglicherweise zum vorchristlichen Judenhass bei. Einige Teile der Hebräer wiederum ließen sich friedlich nieder und verschmolzen mit den Nomadenstämmen der Ureinwohner. Die Hebräer gründeten die Distrikte Galiläa, Judäa, Idumäa und Peräa und hielten ihre Beziehungen untereinander aufrecht. Dadurch entwickelten sich gemeinsame Riten und Sprachgebräuche. Dabei kam es zu weiteren Vermischungsprozessen mit Nomadenstämmen, die im Lauf der Zeit immer wieder nach Kanaan einsickerten.

Um das Jahr 1020 v. Chr. vereinigten sich die Stämme unter König Saul zum Königreich. 1000 v. Chr. eroberte König David die Stadt Jerusalem und erklärte sie zu seinem Krongut. Sein Sohn Salomon ließ die Stadt erweitern und erbaute zur Ehre Gottes den ersten jüdischen Tempel.

In den folgenden Jahrhunderten wurde Israel abwechselnd von den Ägyptern, Assyrern, Babyloniern, Persern, Medern, Griechen, Hasmonäern und Römern erobert. Da sich die Israeliten jedoch niemals den religiösen Praktiken ihrer Beherrscher unterwarfen, erwarben sie sich den Ruf eines widerspenstigen Volkes. Auch dieser Umstand hat wohl zum vorchristlichen Judenhass beigetragen. Das wird in der Geschichte der Königin Esther dokumentiert.

Königin Esther

Im Jahre 479 v. Chr. herrschten die Perser über das Volk der Hebräer. Da geschah es, dass der persische Großkönig Ahasveros seine Gemahlin Waschti verstieß, weil sie sich geweigert hatte, bei einem Gelage als Hauptattraktion aufzutreten. Anschließend ließ der König im ganzen Reich nach einer neuen Frau suchen. Als man ihm die Jüdin Esther brachte, gefiel sie ihm und er nahm sie zur Frau.

Esther hatte einen Vetter, der sich Mordechai nannte und als Posten am Tor des königlichen Palastes seine Arbeit tat. Eines Tages belauschte er, dass zwei königliche Leibwächter ihren Herrn töten wollten. Er ließ den König daher durch Esther warnen.

Inzwischen hatte Ahasveros einen Mann namens Haman zum Wesir seines Reichs erhoben. Als Mordechai und Haman sich einmal begegneten und Mordechai sich weigerte, vor dem Wesir niederzuknien, da war dieser so empört, dass er beschloss, das Volk der Hebräer auszurotten. Möglicherweise war Hamans Motiv auch Rache, wenn er einem der Stämme angehörte, die bei der Landnahme Kanaans von den Hebräern vertrieben wurden. Lesen Sie die Anklage, mit der Haman seinen König im Jahr 472 v. Chr. überzeugen wollte:

„Es gibt ein Volk, zerstreut und abgesondert unter allen Ländern Deines Königreichs, und ihr Gesetz ist anders als das aller Völker, und sie handeln nicht nach des Königs Gesetzen. Es ziemt dem König nicht, sie gewähren zu lassen. Gefällt es ihm, so lasse er

30

verfügen, dass man sie umbringe. Dann werde ich 10.000 Zentner Silber abwiegen und in die Schatzkammer des Königs bringen lassen."

Da Esther beim König jedoch um Gnade für ihr Volk bat und ihn daran erinnerte, dass ihm der Mordechai das Leben gerettet hatte, da wollte der König den Mordechai nicht töten lassen. Stattdessen ließ er den Haman aufhängen.

Jesus von Nazareth

Im Jahre 63 v. Chr. eroberten die Römer Kanaan. 26 n. Chr. wurde Pontius Pilatus als neuer Statthalter des römischen Kaisers in Jerusalem eingesetzt. Zur Amtseinführung ließ er im Tempelbezirk Kaiserstandarten hissen. Da die Juden dagegen lauthals protestierten, ließ er sie „massenhaft" verhaften und nach römischer Sitte kreuzigen. Dies geht aus einem Bericht des römisch-jüdischen Geschichtsschreibers Flavius Josephus hervor. Um das aufgebrachte Volk zu beruhigen, befahl Pilatujs den Sadduzäern, den Tempelbetrieb wieder aufzunehmen. Die Sadduzäer beherrschten den jüdischen Tempelkult bereits seit 150 v. Chr. und sollten nun für Ordnung sorgen. Um ihre Loyalität zu beweisen, führten sie umgehend harte Opfervorschriften ein.

Mühselig mussten die Hebräer nun einmal im Jahr nach Jerusalem pilgern, um ihren Opferdienst zu leisten. Dazu mussten sie ihr karges Geld gegen Tempelmünzen eintauschen und mit diesen Opfertiere, wie z.B. Sperlinge oder Tauben kaufen. Wer sich der Opferpflicht entzog, dem drohte die Schuldversklavung. Das war die schlimmste Bestrafung für einen Juden, denn sie versklavte ihn samt Familie.

In dieser Zeit erhob sich der jüdische Zimmermann „Joshua Ben Joseph", besser bekannt als Jesus von Nazareth und begann öffentlich zu predigen. Er zog durch die Städte und Dörfer der Provinz Galiläa und ließ sich in Kafarnaum nieder, einem Fischerdorf am Nordufer des See Genezareth. Auf seinen Reisen verkündete er das kommende Reich Gottes und erinnerte die Israeliten an die Leitforderung der Tora, nämlich die der Nächstenliebe. Gewaltanwendungen gegen die Römer lehnte er ausdrücklich ab. Immer wieder heilte er Kranke und Besessene. Doch angesichts der sozialen Missstände wurde er häufig wütend und schimpfte auf den Stand der Sadduzäer.

Eines Tages zog Jesu mit seinen Jüngern nach Jerusalem, um die jüdischen religiösen Obrigkeiten zurechtzuweisen. Als er beim Einmarsch in den Tempel die Stände der Geldwechsler und Taubenhändler entdeckte, stieß er zornig deren Tische um. Wegen der aufkommenden Unruhen ließ ihn die jüdische Obrigkeit nach dem Abendmahl verhaften und zum Haus des Hohepriesters Kaiphas führen. Dort erwartete ihn der Hohe Rat (Sanhedrin).

Der sog. große Sanhedrin wirkte seit Moses´ Zeiten als oberste religiöse und politische Instanz der Hebräer. Er bestand aus 71 Mitgliedern, die sich aus Schriftgelehrten, Ältesten und der Priestersekte der Sadduzäer zusammensetzten. Die Sadduzäer gehörten den höheren Gesellschaftsschichten des Judentums an. Da sie den zahlenmäßig den größten Anteil des Sanhedrin stellten, führte ihr Hohepriester Kaiphas den Vorsitz. Er war Ankläger und Richter in einer Person.

Nach einem langen nächtlichen Verhör beschuldigte Kaiphas den Jesus schließlich der Unruhestifterei. Als Beweis dienten ihm einige Ohrenzeugen, die bezeugten, dass Jesus den Tempel niederreißen und in drei Tagen wieder aufbauen wollte. Da Jesus zu den Vorwürfen schwieg, kam der Hohepriester auf den Punkt und fragte ihn: „Du, den man den Gesalbten nennt, ich beschwöre Dich beim lebendigen Gott, bist Du der Messias, der Sohn des Hochgelobten?" Da antwortete Jesus mit einem Gleichnis: „Ich bin es. Und Ihr werdet den Menschensohn sehen, sitzend zur Rechten der Macht und kommend mit den Wolken des Himmels." Da zerriss der Hohepriester empört sein Gewand und rief: „Das ist Gotteslästerung! Wozu brauchen wir noch weitere Zeugen?" Dann wandte er sich an den Hohen Rat und fragte: „Wie lautet Euer Urteil?" Alle schrien: „Er muss zum Tode verurteilt werden." Daraufhin fasste Kaiphas den Beschluss, Jesus unverzüglich an Pontius Pilatus auszuliefern.

Lt. Evangelien war gerade der Morgen angebrochen und man brachte Jesus gefesselt zur Residenz des römischen Gouverneurs. Hier fand ein Gericht statt, bei dem Pilatus den angeklagten Jesus zum Tode durch Kreuzigung verurteilte.

Die Entstehung des Christentums

Das Christentum verdankt seine Entstehung eigentlich einem Juden. Lesen Sie selbst: In Tarsus, einem Landstrich in der heutigen Südtürkei, wurde ein jüdischer Knabe geboren. Die strenggläubigen Eltern nannten ihn „Sha`ul" (lat.: Saulus) und schickten ihn nach einer hellenistischen Ausbildung nach Jerusalem, wo er an der Tempelakademie die Tora studieren sollte.

Als Saulus den Anhängern des Jesus begegnete, betrachtete er sie als jüdische Sekte. Als ihm jedoch, seinen eigenen Aussagen zufolge, Jesus Christus als visionäre Lichterscheinung begegnete, da fühlte er sich bekehrt und begab sich nunmehr als Paulus umgehend auf ausgedehnte Missionsreisen nach Zypern und Kleinasien.

Er predigte von Jesus und alsbald strömten die Heiden neugierig herbei. Doch sobald sie von der Beschneidung hörten, überkam sie eine Heidenangst und sie machten sich aus dem Staub. Daher mahnte die Jerusalemer Urgemeinde: „Wenn ihr Euch nicht beschneiden lasst nach der Weise des Moses, dann könnt Ihr nicht selig werden." Da kam der findige Paulus auf die Idee, die Beschneidungsvorschrift abzuschaffen. Die Jerusalemer Urgemeinde, die sich bis auf Matthias, der den Selbstmörder Judas Iskariot ersetzt hatte, aus den Aposteln des Jesus zusammensetzte, war sich jedoch uneinig. Im Jahr 48 kam es daher in Jerusalem zum sog. „Apostelkonzil". Hier wurde das Problem erörtert. Unter den Aposteln befanden sich zwei einflussreiche Jünger, die die Pläne des Paulus befürworteten: Simon Petrus und Jakobus, der Bruder des Jesus. Die beiden vermittelten nun zwischen Paulus und den „Eiferern", die für die Beschneidung waren. Da Jakobus als anerkannte moralische Autorität galt, ließen sich die restlichen Mitglieder der Jerusalemer Urgemeinde umstimmen.

Zum Abschluss des Konzils beschlossen Paulus und Petrus, ihre Missionstätigkeit aufzuteilen. Während Petrus unter den Juden missionierte, bereiste Paulus die großen antiken Städte, wie Philippi, Korinth und Ephesus. Dort warb er systematisch Heiden an. Sobald er eine urchristliche Gemeinde gegründet hatte, zog er weiter und suchte einen neuen Wirkungskreis. Neben Paulus und Petrus wirkte auch Jakobus an der Gründung des Christentums mit.

Der Beginn des christlichen Judenhasses

Nach der Kreuzigung des Jesus widersetzen sich die Israeliten immer offener den Römern. Die Unruhen steigerten sich schließlich zu drei blutigen Aufständen: Die erste Revolte, der sog. „Große Jüdische Krieg", dauerte von 66 - 70 n. Chr. Der zweite Aufstand, der „Babylonische Aufstand", dauerte von 115 – 117 n. Chr. Nach dem dritten Aufstand, dem sog. „Bar Kochbar-Aufstand" (132 – 135), nahmen die Römer bittere Rache: Kaiser Hadrian verwüstete Judäa, nannte es in „Palästina" um und ließ Zehntausende dieser widerspenstigen Juden ans Kreuz schlagen.

Da sich die Juden, die sich zu Jesus bekannten, nicht an den Aufständen gegen die Römer beteiligen wollten, flohen sie in die griechischen, von den Römern besetzten Städte, Pella und Antiochia. Antiochia war seit 64 v. Chr. Hauptstadt der Römischen Ostprovinz „Syria". Als wichtiges Handels- und Kulturzentrum galt sie als Pforte nach Syrien. Hier kam der Begriff „Christen" (Apostelgeschichte 11,26) erstmals auf, weil die Bevölkerung die beiden jüdischen Gruppierungen verbal auseinander halten wollte. In Antiochia wurde griechisch gesprochen und Christos (lat.: Christus) war die Übersetzung des hebräischen Wortes „Messias" (Gesalbter).

Nach dem Bar Kochbar-Aufstand wurden die Hebräer aus Palästina vertrieben. Sie flüchteten in alle Teile des Römischen Reichs. Aus Jerusalem wurde eine Garnisonsstadt, die von den Israeliten nicht mehr bewohnt werden durfte. Palästina war bis auf ein paar Siedlungen in den nächsten 2000 Jahren judenfrei.

Der Name „Palästina" ist die griechisch-römische Übersetzung von „Philistäa". Mit dieser Bezeichnung wollte sich der römische Kaiser übrigens an den Hebräern rächen, denn das Wort geht auf das Seefahrervolk der Philister zurück, die seit dem 12. Jahrhundert v. Chr. die Küste südlich von Kanaan besiedelt hatten. Nach Darstellung der Bibel lieferten sich die Philister mit den Hebräern (David und Goliath) und Kanaanitern über mehrere Jahrhunderte immer wieder erbitterte Kämpfe.

Größere Judengemeinschaften, unter ihnen auch die sog. Judenchristen (die frühen Christen), gelangten in dieser Zeit bis nach Rom. Dort integrierten sie sich in die jüdische Gemeinde, die bereits seit dem Jahr 161 v. Chr. bestand. Da sie keinen Bürgerstatus besaßen, bewohnten sie das Arbeiterviertel „Trastevere", das sich außerhalb der Stadtmauern, auf der anderen Seite des Tibers befand.

Als der unter hellenistischem Einfluss stehende Kaiser „Caligula" (regierte 37 – 41) verlangte, als Gott angebetet zu werden, weigerten sich Juden und Judenchristen gemeinsam, dem Befehl zu gehorchen. Caligula drohte das gesamte Judentum zu verfolgen, konnte jedoch seinen Plan nicht mehr in die Tat umsetzen, weil er vorher starb.

Die Judenchristen missionierten in der Folge so aufdringlich, dass sie zum öffentlichen Ärgernis wurden. Ein Bericht des römischen Historikers Gaius Suetonius Tranquillus besagt, dass der verstimmte Kaiser Claudius (Regierungszeit 41 - 54) alle Juden aus Rom vertrieb. Erst unter Kaiser Nero (Regierungszeit 54 – 68) wurde den Römern klar, dass die Judenchristen eine eigene Gruppierung unter den Juden darstellten. Daraufhin wurde nur diese Gemeinschaft verfolgt und das traditionelle Judentum durfte nach Rom zurückzukehren.

Als Rom im Jahre 64 n. Chr. brannte, tauchten Gerüchte auf, dass Nero selbst das Feuer gelegt hatte. Der Kaiser beschuldigte daraufhin die Judenchristen der Brandstiftung. Mit dieser Anklage begannen die rund 250 Jahre andauernden römischen Christenverfolgungen.

Die Christengemeinschaft jedoch missionierte unerschrocken weiter und begann sich vom Judentum abzugrenzen. Zunächst erschien zwischen 70 und 132 die erste theologische Lehrschrift, der sog. „Barnabasbrief". Er bezeichnete die hebräische Lehre als überholt und von der christlichen als abgelöst. Der Autor blieb anonym. Das Christentum soll zu diesem Zeitpunkt etwa 3.000 Gläubige gezählt haben.

Um 150 dann verfasste der Märtyrer Justin seine Schrift „Dialog mit dem Juden Tryphon." Mit dieser ältesten erhaltenen antihebräischen Apologie klagte er die Israeliten an:

„Den Gerechten habt Ihr getötet. Und jetzt verstoßt Ihr die, die auf ihn und auf den allmächtigen Gott, der ihn gesandt hat, ihre Hoffnungen setzen und entehrt sie, indem ihr die Christusgläubigen aus Euren Syn-

agogen verflucht. " (Diese Anklage habe ich im Kapitel „Fazit" erläutert).

Die sich bildende Kirche ersetzte die jüdischen Vorschriften durch eigene Lehren. So setzte die früheste Kirchenordnung „Didache" (griech.: Lehre der 12 Apostel) das jüdische Fasten zwar fort, verlegte es aber auf andere Tage. Das jüdische „Tägliche Achtzehnbittengebet" wurde durch das „Vaterunser" ersetzt.

Langsam verschärfte sich der Ton der Theologen. Im Jahre 1940 wurde die vollständig erhaltene Passahpredigt des Bischofs „Melito von Sardes" gefunden. Sie stammt aus dem Jahre 190 n. Chr. und wurde Grundlage der kirchlichen Substitutionstheologie (Ersetzungs-, Enterbungs-, Enteignungstheologie). Der Bischof schrieb:

„Welch schlimmes Unrecht, Israel, hast du getan? Du hast den, der Dich ehrte, geschändet... Du bereitetest ihm spitze Nägel und falsche Zeugen und Fesseln und Geißeln und Essig und Galle und das Schwert und die Trübsal wie für einen Raubmörder... Getötet hast du den Herrn inmitten Jerusalems. Höret es, alle Geschlechter der Völker und sehet: Unerhörter Mord geschah inmitten Jerusalem in der Stadt des Gesetzes, der Hebräer, der Propheten, in der Stadt, die für gerecht galt. Der die Erde aufhing, ist aufgehängt worden; der die Himmel festmachte, ist festgemacht worden; der das All befestigte, ist am Holz befestigt worden; der Gott ist getötet worden; der König Israels ist beseitigt worden von Israels Hand. Oh, welch unerhörter Mord. Oh, welch unerhörtes Unrecht. "

Die Substitutionstheologie bestimmte nun das Verhältnis der Kirche zum Judentum. Das von Gott erwählte Volk Israel wurde als Volk seines Bundes verleugnet und für alle Zeit verworfen und verflucht. Aufgrund des Christusmordes seien Gottes Verheißungen auf die Kirche übergegangen. Die Juden konnten ihr Heil nur noch in der Taufe und damit im Bekenntnis zu Jesus Christus finden.

Erst nach dem Holocaust begann hier ein allmähliches Umdenken. Die katholische Kirche verkündete am 28.10.1965 die These vom „Nie gekündigten Bund Gottes mit Israel". Die evangelische Kirche zog mit dem 1980 gefassten Synodalbeschluss der Rheinischen Landeskirche nach. Papst Benedikt kehrte mit seiner neu formulierten „Karfreitagsfürbitte für die Juden" jedoch wieder in das Mittelalter zurück.

Die Verschärfung des Judenhasses

Dank intensiver Missionsarbeit konnte sich das Christentum immer weiter ausbreiten. Die Christen priesen den Römern ihren Glauben dem der hebräischen Religion als überlegen und vernünftigere Philosophie an. Dabei diente die antike Judenfeindschaft römischer Autoren, wie „Cicero" und „Tacitus" als historisches Beweismaterial. Langsam etablierte sich das Christentum auch in den höheren römischen Gesellschaftsschichten.

Angesichts der unaufhaltsamen Ausbreitung des Christentums kam es zu Unruhen innerhalb des Römischen Reiches. Da sich das Reich zur gleichen Zeit gegen eindringende Germanen, Franken, Alemannen, Goten und Barbaren verteidigen musste, erhob Kaiser Konstantin der Große (reg.: 306 – 337) den christlichen Glauben im Jahr 313 kurzerhand zur Staatsreligion. Schon bald dominierte die Kirche die Religionspolitik des Römischen Reichs. Kaiser Konstantin sah sich gezwungen, den Übertritt zum Judentum im Jahre 315 zu verbieten; 321 führte er per Gesetz die christliche Sonntagsfeier ein. 325 berief er das „Erste Konzil von Nicäa" und ließ das dort abgelegte Bekenntnis zu Jesus im gesamten römischen Reich verbreiten.

Währenddessen predigten die Bischöfe Liebe und streuten Hass: Um 310 sprach „Eusebius von Caesarea", der Vater der Kirchengeschichte, die Hebräer des Mordes an Jesus Christus für schuldig und enterbte sie ihres Glaubens. Lesen Sie den Wortlaut:

„Da die Israeliten gegen Gott immer ungehorsam gewesen und vom älteren, reinen Glauben Abrahams abgefallen waren, und Moses vergeblich versucht habe, sie durch den Fluch des Gesetzes dorthin zurückzuführen und da die Propheten sie fortlaufend getadelt und ihren Untergang vorausgesagt hätten, falls sie auch den Messias verwerfen würden, haben sie den Tempel verloren. Denn eben das hätten sie getan. Nunmehr seien die Christen die rechtmäßigen Erben des wahren Hebräerglaubens, sorge Christus selbst für den Ausschluss der Juden in der ganzen Welt, seien Niederlagen, Leiden und Zwietracht die Folgen der jüdischen Schuld am Tod Jesu."

339 wurde der Übertritt eines Christen zum Judentum oder der Erwerb eines christlichen Sklaven, mit vollständigem Vermögensverlust bestraft. Der Bischof, Heilige und Kirchenlehrer Gregor von Nyssa (335-394) beschimpfte die Hebräer als kriminelle Charaktere, Gottesmörder, Prophetentöter, Streiter wider Gott, Gotteshasser, Gesetzesbrecher, Feinde der Gnade, vom Glauben der Väter Abgefallene, Advokaten des Teufels, Schlangenbrut, Denunzianten, Verleumder, Heuchler, Hefe der Pharisäer, Satansgläubige und Feinde des Menschengeschlechts.

Bald erschien der schlimmste Hetzer der katholischen Kirche, Johannes von Antiochien (349-407), Erzbischof von Konstantinopel. Mit seiner Hasstirade machte er sich zum Oberankläger der Römischen Kirchenbehörde. Er behauptete, dass der Untergang des Jerusalemer Tempels die gerechte Strafe Gottes für die Kreuzigung Christi sei. Er bezeichnete die jüdischen Fastenzelte als Bordelle und die Synagogen als

Räuberhöhlen und Dämonenwohnungen. Wer dort Opfer darbringe, könne Gottes Zorn reizen. Nur wer an Jesus Christus glaube, könne von Unmoral und Sünde frei werden. Auf diese Weise erniedrigte er die Juden und legte dem Christentum die völlige Zerstörung jüdischer Gotteshäuser nahe. Denn dort versammelten sich die Mörder Christi, um den dreieinigen Gott zu lästern. Um 390 schrieb er in seiner sechsten Predigt „adversos judaeos." Dass dieser Mensch, der von der Kirche den Beinamen „Chrysostomos" (griech.: Goldmund) erhielt und immer noch als einer der großen christlichen Prediger verehrt wird, ist für mich ein Skandal. Hier der Wortlaut:

1. *„Weil Ihr Christus getötet habt, weil Ihr Hand an den Herrn gelegt habt, weil Ihr das kostbare Blut vergossen habt, gibt es für Euch keine Besserung, keine Vergebung, keine Entschuldigung. Ihr seid das Verderben und die Krankheit der ganzen Erde."*

2. *„Wo sich Christusmörder versammeln, da wird das Kreuz gespottet, wird Gott gelästert, wird der Vater nicht anerkannt, der Sohn beleidigt und der Heilige Geist zurückgewiesen. Wenn die Riten der Juden so heilig und verehrungswürdig sind, dann muss unsere Lebensweise falsch sein. Aber wenn wir den rechten Weg gehen, wie es der Fall ist, dann gehen sie einen betrügerischen Weg."*

Ab 375/376 drangen vom Osten her die Hunnen nach Ostmitteleuropa ein. Das Oströmische Reich konnte die Wirren der nachfolgenden Völkerwanderung überstehen, da es wirtschaftlich stabil war.

Als Kaiser Theodosius I. den katholischen Glauben 380 zur alleinigen römischen Staatsreligion erklärte, war das Schicksal der Juden besiegelt. Der Römische Staat erklärte den Unglauben an die christliche Lehre nun offiziell zum Staatsverbrechen. Heiden und Juden hatten einen schweren Stand. Die Kirchenführer begrüßten den neuen Glaubenszwang und schickten sich an, die antijüdische Kirchenpolitik mit Hilfe der römischen Staatsgewalt voranzutreiben.

Im Jahr 395 wurde das Römische Reich von Kaiser Theodosius I. unter seinen beiden Söhnen in ein Ost- und ein Westreich aufgeteilt.

Trotz aller Problematik hatte sich das Christentum inzwischen im gesamten Römischen Reich verbreitet. Die Kirche zwangsmissionierte nun überall. 417 und 423 wurden vom oströmischen Kaiser Theodosius II. Mischeheverbote ausgesprochen.

Um 420 rief der Kirchenlehrer Augustinus von Hippo mit seiner Schrift „De Civitate" die Gläubigen mit folgenden Worten dazu auf, die Israeliten zu quälen:

„Der Verräter Judas ist das Abbild des jüdischen Volkes. Die Israeliten sollen nicht getötet, aber allzeit unter uns leiden und beständig erniedrigt werden."

Um 431 kam es nach dem Konzil von Ephesos zum ersten Bruch zwischen ost- und weströmischer Kirche. Die gegensätzlichen kirchenpolitischen Standpunkte vertieften sich in den folgenden Jahrhunderten, bis sich die beiden Kirchen im 15. Jahrhundert endgültig trennten.

Mitte des 5. Jahrhunderts zerfiel das Weströmische Reich, als die Germanen (Vandalen, Franken, Goten) in große Teile Galliens und Spaniens eindrangen.

Der Judenhass im Mittelalter

1. Spanien

Das Mittelalter begann, als ab ca. 500 n. Chr. die politische und kulturelle Dominanz der griechisch-römischen Herrschaft durch feudale Gesellschaftsformen romanischer, germanischer, slawischer und keltischer Völkerschaften abgelöst wurde. Im Laufe der Zeit wurden auch diese Lebensräume christianisiert.

Das geistige Zentrum der Juden verlagerte sich von Mesopotamien nach Spanien, Portugal und Nordfrankreich. Zu dieser Zeit wurde Spanien von den Westgotenkönigen beherrscht. Da sie im Gegensatz zur katholischen Bevölkerung den Glauben der Arianer vertraten, ließen sie die Juden unbehelligt. Als die Westgotenkönige im 6. Jahrhundert jedoch zum römisch katholischen Glauben übertraten, verschlechterte sich die Lage für die Juden wieder. In den folgenden hundert Jahren fanden 18 Konzile statt, die die Juden schwer diskriminierten.

Die Westgotenkönige wurden um 711 von einem Invasionsheer islamischer Berber vertrieben und die christliche Bevölkerung in den Norden und Nordwesten Spaniens verdrängt. Für die Juden brach endlich ein lang ersehnter Frieden an. Sie übernahmen nun Ländereien, die der westgotische Adel hinterlassen hatte. Sie beteiligten sich am Städtebau, betrieben internationalen Handel und verhalfen Spanien zu einem bedeutenden wirtschaftlichen Aufstieg.

Im 10. und 11. Jahrhundert blühten Kultur und Wissenschaft auf. In Córdoba entstand die erste jüdische

Gelehrtenschule. Hier wirkte der berühmte Philosoph Moses Maimonides. Die Anzahl der Juden vervierfachte sich in diesem Zeitraum von 5.000 auf 20.000 Menschen.

Ende des 11. Jahrhunderts jedoch fielen vorübergehend islamistisch fanatische Almoraviden in Spanien ein und vertrieben alle Ungläubigen. Die Juden flüchteten in die christlichen Gebiete Spaniens oder über Handelsrouten nach Kiew und von dort aus in das liberale Polen.

Im christlichen Teil Spaniens waren die Juden bei Königen und Adel zunächst hochwillkommen und standen unter deren Schutz. Toledo blühte im 12. und 13. Jahrhundert zum europäischen Zentrum christlichjüdischer Kultur auf. Barcelona wurde zum Zentrum talmudischer Gelehrsamkeit. Und im spanischen provenzalischen Grenzgebiet entstand die Kabbala. Überall erlangten jüdische Gelehrte hohe Positionen in Staat und Gesellschaft. Doch der spanische Klerus wetterte immer lauter gegen die Juden. Am 6.6.1391 war es soweit: Der von der Kanzel aufgeputschte Pöbel stürmte das jüdische Viertel von Sevilla.

1492 erließ die katholische Herrscherin von Spanien, Isabella von Kastilien, ein Edikt, demzufolge alle nicht taufwilligen Juden, Spanien innerhalb von drei Monaten zu verlassen hatten. Die Juden flohen überwiegend nach Nordafrika, Griechenland und zurück in die Türkei.

2. Heiliges Römisches Reich (Deutscher Nation)

Vorweg der Unterschied zu den Begriffen „Antijuda-ismus" und „Antisemitismus":

Die Judenfeindlichkeiten des Altertums, der Antike und des Mittelalters werden „Antijudaismus" genannt. Dieser Begriff bedeutet: „Aus Prinzip gegen Juden". Das Wort „Antisemitismus" wurde 1879 von dem deutschen Journalisten Wilhelm Marr erfunden. Ursache war seine Abneigung gegen den Liberalismus, der sich seiner Meinung nach den jüdischen Kapitalinteressen verschrieben habe. Daher diskriminierte er die Juden als „fremde Rasse von Parasiten, die erfolgreich die Ausbeutung Deutschlands betreibe". Antisemitismus bedeutet: „Aus Prinzip gegen Semiten". Das Wort „Semit" kommt von dem Namen „Sem", welcher der erste der drei Söhne Noahs war. Das Wort „Jude" kommt übrigens vom jüdischen Königreich Judäa. Die dortigen Bewohner wurden Judäer genannt.

In Europa bildeten sich ab etwa 9. Jahrhundert feudale Gesellschaften. Um diese zu verstehen, muss man sich die damals herrschende Ständeordnung vor Augen halten: An der Spitze stand der Klerus, danach folgten König, Adel, Bürgertum und schließlich die Bauern. Dann kamen Personengruppen, die keine Rechte besaßen. Das waren unehelich Geborene, Knechte, Dienstboten, Bettler, Henker, Abdecker, fahrendes Volk, Musikanten, Prostituierte, sonstige Fremde und Juden.

Nachdem sich die Adligen zu fein für die Arbeit waren, entwickelten sie nach römischem Vorbild (Klientelwesen) das sog. Lehnswesen. Mit diesem System konnten sie die Landbevölkerung bequem ausbeuten. Das funktionierte so: Könige und Herzöge vergaben

an ihre Fürsten (Lehnsherren) vererbliche Nutzungs-
rechte für Grund und Boden. Die Lehnsherren wiederum verpachteten das Land samt der darauf lebenden
Bevölkerung an niedrige Adlige (Lehnsmänner). Diese setzten Verwalter ein, die die Bevölkerung in Land-
und Forstwirtschaft hart arbeiten ließ.

Seit dem ersten und zweiten Jahrhundert lebten Juden
bereits in Germanien und Gallien. Sie hatten sich hier
niedergelassen, nachdem das Rheinland 58 v. Chr.
Teil des Römischen Reichs wurde. Sie konnten ihren
Berufen als Handwerker, Händler und Wissenschaftler
relativ unbehelligt nachgehen. Urkundlich erwähnt
wurde die erste jüdische Gemeinde 321 n. Chr. in
Köln. Auch in Worms, Speyer und Mainz entstanden
jüdische Gemeindezentren. Zwischen dem 10. und 11.
Jahrhundert vergrößerte sich ihre Anzahl, weil Händler aus Italien und Südfrankreich mit ihren Familien
zuzogen. Die ersten Synagogen entstanden 1012 in
Köln, 1034 in Worms und 1066 in Trier. Mainz wurde
um die Jahrtausendwende zum Zentrum jüdischer Gelehrsamkeit. Man schätzt, dass diese Stadt im 11.
Jahrhundert ca. 6.000 bis 7.000 Einwohner zählte.
Etwa zehn Prozent davon waren Juden.

Das Unglück nahm seinen Lauf, als aus dem östlichen
Teil des Fränkischen Reichs im Jahr 962 das „Heilige
Römische Reich" (ab 15. Jahrhundert: „Heiliges Rö-
misches Reich Deutscher Nation") entstand. Die rö-
misch-deutschen Kaiser vertraten die antijudaistische
Politik der Kirche und interpretierten Gottes Heiligen
Willen als Aufforderung zum Totschlag. Damit hatten
die Juden am schönen Rhein nichts mehr zu lachen.
Während die Herrscherhäuser in den folgenden Jahr-

hunderten in Saus und Braus lebten, erhob der Klerus immer neue Anklagen gegen die Juden und stachelte das hungernde Volk zum Judenhass an. Nun begann Deutschlands tausendjährige Geschichte des Antisemitismus.

Was bisher wenig beachtet wurde, ist der Umstand, dass das Christenvolk im Mittelalter meist betrunken war. Als Trinkwasser stand den Bürgern nur Regenwasser und Wasser aus Flüssen, Bächen und Brunnen zur Verfügung. Da Wasser jedoch schnell verdirbt, wurden Bier und Wein beigemischt oder gleich pur getrunken. So soffen alle, vom Säugling bis zum Greis und der Rausch gehörte zum Leben, wie das Amen zur Kirche.

Nachstehend eine kleine Auswahl an Verbrechen, die im Namen der „Nächstenliebe" begangen wurden:

Als der ägyptische Kalif Al-Hakim, der Jerusalem seit 996 beherrschte, die Grabeskirche in Jerusalem zerstört hatte, warf der Burgunder Benediktinermönch Rodulfus Glaber den Juden im Jahr 1010 vor, die Zerstörung der Kirche durch ihre Boshaftigkeit bewirkt zu haben. Darum rief er zum Judenmord auf.

Die Situation spitzte sich zu, als Papst Urban II. im Jahr 1095 zur Befreiung Jerusalems und des Heiligen Landes aus den Händen der Muslime aufrief. Es bildete sich ein riesiges Kreuzfahrerheer, das die Sache zur Angelegenheit des gesamten Abendlandes machte. Gottfried von Bouillon, ein Anführer des Ersten Kreuzzuges tat den heiligen Schwur:

„Ich ziehe nicht anders meines Weges, als dass ich das Blut meines Erlösers an dem Blute Israels rächen und jedem, der den Namen Jude trägt, weder Recht noch Flüchtling überlassen werde."

Ab dem 10. Jahrhundert wurde den Juden der Zugang zu allen ehrenwerten Berufen verboten. Nun mussten sie ihr Leben als Hausierer, Kramhändler, Pfandleiher und Kleinkreditgewerbetreibende fristen.

1096 fielen aufgewiegelte Kreuzfahrer in einem dreitägigen Pogrom über die jüdische Gemeinde Kölns her. Anschließend kam es zum ersten Kreuzzug Speyer-Worms-Mainz. Zur gleichen Zeit schloss die christliche Ständegesellschaft die Juden von allen ehrenwerten Berufen aus.

1139 wurde auf dem Zweiten Laterankonzil beschlossen, dass das Zinsnehmen unchristlich sei.

Mitte des 12. Jahrhunderts tauchten in dem von der katholischen Kirche geprägten Mitteleuropa hässliche Ritualmordlegenden auf. Diese besagten, dass die Juden christliche Kinder schlachteten und deren Blut in ihre Matzen (Passahbrot) einbackten.

1144 wurden im englischen Norwich in diesem Zusammenhang 40 Juden unter Anklage gestellt. Man bot ihnen Begnadigung an, falls sie sich zu Christus bekehren ließen. Als sie sich trotz Folter weigerten, wurden sie auf Scheiterhaufen verbrannt.

1179 erteilte Papst Alexander III. den Juden das offizielle Recht, Kredite gegen Zinsen zu vergeben. Denn

Adel, Handwerker und Bauern brauchten dringend Kredite. Die Juden wandten sich nun verstärkt dem Geldgeschäft zu. Auf eine solche Gelegenheit hatte die Kirche nur gewartet. Nun wetterte sie gegen die geldgierigen Juden los und das Vorurteil des jüdischen Wucherers entstand. Das ausgebeutete Christenvolk spuckte verächtlich vor den Juden aus: „Pfui Teufel, Geld stinkt." Hinter der Verachtung jedoch verbarg sich der Neid, denn wer mit Geld handelt, hat auch welches.

1215 verlangte Papst Innozenz III. vom fränkischen König, die Juden wegen ihrer Schuld am Tod Jesu´ zu unterdrücken. Sie sollten dem Joch ewiger Knechtschaft unterworfen werden und ihre Nacken nicht mehr erheben, um immer die Scham ihrer Schuld zu betrachten. Des Weiteren forderte der Papst die Kenntlichmachung ihrer Kleidung. Nun mussten die Juden Spitzhüte und gelbe Ringe oder Kreise auf ihren Mänteln tragen.

1239 verlangte Papst Gregor IX. von den Königen Englands, Frankreichs, Kastiliens und Portugals, alle Talmudexemplare (rabbinische Auslegung der Tora) wegen Gotteslästerung einzuziehen.

1244 bekräftigte Papst Innozenz IV., dass der „Talmud" Gott, Christus und Maria lästere, das biblische Gesetz verfälsche und die Israeliten dazu erziehe, sich der wahren Lehre der Kirche zu verweigern.

Thomas von Aquin (1225-1274), der von der katholischen Kirche als Heiliger verehrt wird, wiederholte und rechtfertigte alle genannten Maßnahmen in seiner Schrift: „De regimine Judaeorum."

1267 setzte die Kirche die Gettoisierung der Juden europaweit durch. Nun durften sie nur noch in bestimmten Vierteln leben und mussten Kleidung tragen, die sie als Juden kenntlich machte.

Zwischen 1298 und 1303 ermordeten in Franken marodierende „Judenschläger" unter der Führung ihres selbst ernannten Königs Rintfleisch an die 5000 jüdische Frauen, Kinder und Männer. Dabei verkündete der ehemalige Metzgermeister, dass er vom Himmel eine persönliche Botschaft erhalten habe, die ihn zum Vernichter aller Juden ernannte. Viele Juden flohen in mehreren Wellen nach Polen und Litauen.

Um 1330 griffen Hungerkatastrophen und Seuchen um sich. Als Bauern und Handwerker ihre bei Juden aufgenommenen Kredite nicht mehr zurückzahlen konnten, riefen sie kurzerhand zu Judenfeindlichkeiten auf.

1336 - 1338 fanden sich unter der Führung des Raubritters König Armleder verarmte Bauern, Raubritter und wanderndes Raubgesindel zusammen. Sie gaben sich den Namen „Judenschläger" und rotteten zahlreiche jüdische Gemeinden in Franken, Schwaben, Österreich, der Steiermark, im Elsass und im Rheingau aus.

Als 1348 die große Pest in Europa ausbrach, wurden die Juden beschuldigt, die Brunnen vergiftet und damit die Seuche ausgelöst zu haben. Man wusste nicht, dass der Schwarze Tod von der Rattenpest kam und durch Flöhe auf die Menschen übertragen wurde. Die Juden wurden so lange gefoltert, bis sie die Tat gestanden. Zur Strafe wurden sie gerädert, gehenkt und verbrannt.

1349 kam es in Städten, wo die Pest noch nicht ausgebrochen war, zu Panikmassakern gegen die Juden. Wo es keine Juden gab, wurden die zum Christentum übergetretenen Juden verfolgt. Die Pest wütete bis 1351 und raffte ein Drittel der Europäer hin.

1394 vertrieb König Karl VI. alle Juden aus Frankreich.

1434 wurde auf dem Konzil von Basel das sog. „Judensekret" erlassen. Nun wurden jüdische Wohnviertel von Mauern umgeben. Da die verschlossenen Tore von außen geöffnet werden konnten, rotteten sich betrunkene Bürger nachts zusammen und schlichen sich hinein. Es kam zu Übergriffen und Pogromen.

1462 wurden die Juden in Frankfurt in die 330 Meter lange Judengasse zwangsumgesiedelt. Dort mussten sie nun unter unwürdigen hygienischen Bedingungen hausen.

Im 15. Jahrhundert schürten die Franziskaner den Hass auf die jüdischen Wucherer. Und der (un)selige Bernhardin von Feltre stachelte die Bevölkerung überall zum Judenhass an.

Der Reformer Martin Luther (1483 – 1546) war den Juden zunächst freundlich gesinnt. Als er sie jedoch nicht zum Übertritt zum Christentum bewegen konnte, zeigte sich seine wahre Haltung in seinen drei Schriften „Wider die Sabbather an einen guten Freund" (1538), „Von den Jüden und iren Lügen" (1543) und „Vom Schem Hamphoras und vom Geschlechte Christi" (1544). Hier ein Auszug aus: „Von den Jüden und iren Lügen":

„Ein solch verzweifeltes, durch und durch böses, durchgiftetes, durchteufeltes Ding ist's um diese Juden, so diese 1400 Jahre unsere Plage, Pest und alles Unglück gewesen und noch sind. Summa, wir haben rechte Teufel an ihnen. Wenn ich könnte, so würde ich den Juden niederstrecken und in meinem Zorn mit dem Schwert durchbohren.

Jawohl sie halten uns in unserem eigenen Land gefangen, sie lassen uns arbeiten in Nasenschweiß, Geld und Gut gewinnen, sitzen sie derweil hinter dem Ofen, faulenzen, pompen und braten Birnen, fressen, saufen, leben sanft und wohl von unserm erarbeiteten Gut, haben uns und unsere Güter gefangen durch ihren verfluchten Wucher, spotten dazu und speien uns an, dass wir arbeiten und sie faule Juncker lassen sein. Sie sind also unsere Herren, wir ihre Knechte."

Darauf folgte eine praktische 7-Punkte-Anleitung zum rechten Umgang mit den Juden:

„Erstlich, dass man ihre Synagoga oder Schule mit Feuer anstecke und, was nicht verbrennen will, mit Erden überheufe und beschütte, dass kein Mensch einen Stein oder eine Schlacke davon sehe ewiglich. Und solches soll man tun, unserm Herrn und der

Christenheit zu ehren, damit Gott sehe, dass wir Christen seien.

Zum anderen, dass man auch ihre Häuser des gleichen zerbreche und zerstöre. Denn sie treiben eben dasselbige drinnen, das sie in ihren Schülen treiben. Dafür mag man sie etwa unter ein Dach oder Stall tun, wie die Zigeuner, auf dass sie wissen, sie seien nicht Herren in unserem Lande.

Zum dritten, das man ihnen nehme all ihre Betbüchlein und Thalmudisten, darin solche Abgötterei, Lügen, Fluch und Lästerung gelehrt wird.

Zum vierten, dass man ihren Rabinen bei Leib und Leben verbiete, hinfurt zu lehren.

Zum fünften, dass man die Jüden das Geleid und Straße gantz und gar auffhebe.

Zum sechsten, dass man ihnen den Wucher verbiete und nehme ihnen alle Barschaft und Kleinod an Silber und Gold, und lege es beiseit zu verwahren.

Zum siebenten, dass man den jungen, starken Jüden und Jüdinin in die Hand gebe Flegel, Axt, Karst, Spaten, Rocken, Spindel und lasse sie ihr Brot verdienen im Schweiß der Nasen."

Nach der protestantischen Reformation flaute der Judenhass vorübergehend ab. Um 1600 lebten ca. 8.000 – 10.000 Juden in Deutschland und einige europäische Länder wurden ihnen gegenüber toleranter. So durften sie ab 1650 in England einwandern. In Frankreich stand ihnen ab 1791 das Wahlrecht zu. Doch in Polen kam es zu schlimmen Ereignissen:

Als der Kosak Bogdan Chmelnizki im Jahr 1648 einen eigenständigen ukrainischen Kosakenstaat gründete, führte er 3.000 Kosaken und Bauern gegen die polnische Aristokratie in den Befreiungskrieg. Bald schlossen sich ihm immer mehr Menschen an. Zu diesem Zeitpunkt lebten etwa 50.000 Juden in Polen und Litauen. Da sie von polnischen Magnaten häufig als Gutsverwalter eingesetzt waren, traf sie der aufgestaute Hass der Kosaken und Bauern zuerst. Insgesamt schlug Chmelnizkis Armee 10.000 Juden tot.

Wie gesagt, handelt es sich hierbei nur um eine kleine Auswahl von Verbrechen, die jedoch klar macht, wie der kirchliche Judenhass das Gedankengut der Menschen über Jahrhunderte manipulierte und damit die Voraussetzungen für den späteren Holocaust erschuf.

Die Protokolle der Weisen von Zion

Mitte des 18. Jahrhunderts begann die industrielle Revolution. Die Welt veränderte sich durch eine riesige Welle von Erfindungen. James Watt verbesserte 1769 die Dampfmaschine des Thomas Newcomen und bewirkte damit enorme Produktionssteigerungen in der Textilindustrie. Die Unternehmer zogen von Kleinproduktionsstätten in große Fabrikhallen um und ließen die in Europa begehrten Stoffe in dampfgetriebenen Spinnmaschinen und mechanischen Webstühlen herstellen. Zehntausende von Menschen fanden Arbeit. Vater und Sohn Stephenson stellten die Dampfmaschine auf Räder und erfanden damit die Lokomotive. Nun stieg die Nachfrage nach Brennstoffen, wodurch der Kohleabbau lukrativ wurde.

Diese Ereignisse und die Französische Revolution (1789 – 1799) förderten die Säkularisierung, d.h. die Trennung von Kirche und Staat. Die Religion wurde nun Privatsache des einzelnen Menschen und die Volksfrömmigkeit verlor an Wichtigkeit. Die Juden erfuhren in verschiedenen Ländern rechtliche Gleichstellungen.

Trotz der Abnabelung von der Kirche war der Judenhass im kollektiven Unterbewusstsein der Christen einprogrammiert. Er spiegelte sich im täglichen Sprachgebrauch wieder. Viele Menschen glaubten und glauben immer noch, dass die Juden die Welt beherrschen wollen. Fragt man sie, warum, dann zucken sie mit den Schultern. Dieses Vorurteil hatte seine spezielle Ursache:

Russland hatte im sog. Krimkrieg schwere Niederlagen einstecken müssen. In diesem Krieg hatte das Zarenreich von 1853 bis 1856 gleichzeitig gegen vier Länder gekämpft: England, Frankreich, Türkei und ab 1855 zusätzlich Piemont-Sardinien (später Italien). Nun hungerte das russische Volk und die Rufe nach einer grundlegenden wirtschaftlichen und sozialen Erneuerung wurden immer lauter. Da sich das russische Volk der beginnenden industriellen Revolution in Europa bewusst war, kamen die Herrschenden unter Druck. Denn sie wollten am bequemen Feudalismus festhalten. Um die Bevölkerung zu beruhigen, hob der Zar 1861 zunächst die Leibeigenschaft auf, führte dann 1864 eine Justizreform ein und begann schließlich mit dem Aufbau einer Schwerindustrie.

Die industrielle Revolution Mitteleuropas aber blieb dem Zar ein Dorn im Auge. Daher sollen hohe russische Regierungskreise ihren Geheimdienst beauftragt haben, ein glaubwürdiges Dokument zu erstellen, das die industrielle Revolution als jüdisches Machwerk anprangern sollte. Mit dieser Anklage sollten die jüdischen Weltverschwörer beschuldigt werden, dass sie alle Staaten ins Unglück stürzen wollten, um die Herrschaft zu übernehmen. Ort der Entstehung dieses fiktionalen Textes war angeblich die Nationalbibliothek von Frankreich. Zwei Bücher sollen als Vorlagen für die Fälschung gedient haben: Die 1864 veröffentlichte Satire von Maurice Joly „Gespräche in der Unterwelt zwischen Machiavelli und Montesquieu" und der 1868 publizierte Sensationsroman „Biarritz" des Deutschen Hermann Goedsche (unter seinem Pseudonym Sir John Retcliffe).

Anfang 1900 wurde das Pamphlet anonym unter dem Namen „Protokolle der Weisen von Zion" veröffentlicht. Es umfasste achtzig Seiten und war in 24 Abschnitte unterteilt. Die Protokolle berichteten über Vorträge, die jüdische Führer angeblich auf dem Judenfriedhof von Prag vor der Versammlung der „Weisen von Zion" gehalten hätten. Dabei ging es um Geheimpläne, mit denen die Juden die bestehenden Gesellschaftsordnungen mittels Kapitalismus, Liberalismus und Demokratie destabilisieren wollten. Um die Echtheit des Dokuments zu beweisen, wurden wie im Buch „Biarritz" zwei Zeugen erfunden, die die Vorträge belauscht hätten.

Zu der Zeit, als die St. Petersburger Zeitung „Znamia" 1903 die „Protokolle der Weisen von Zion" veröffentlichte, existierten präkommunistische Gruppierungen, die gegen alle sozialen Erneuerungen eingestellt waren. Aufgestachelt durch das Pamphlet zettelten sie mit ihren sog. „Schwarzhundertschaften" überall Pogrome an und jagten die Juden mit dem Schlachtruf: „Schlagt die Juden, rettet Russland" quer durch die Stadt.

Im August 1914 begann der Erste Weltkrieg. Infolgedessen verschlechterte sich die Versorgung der russischen Bevölkerung mit Brennstoffen und Nahrungsmitteln. Eine Hungersnot zeichnete sich ab. Ausgehend von der Hauptstadt Petrograd kam es landesweit zu Streiks und Demonstrationen.

1917 kam es zur sog. Februarrevolution. Sie beendete die Zarenherrschaft in Russland. Anstelle des Zaren wurde zunächst ein Parlament (Duma) gebildet. Doch kam es im gleichen Jahr zur Oktoberrevolution und Lenin übernahm die Macht. Nun herrschte der Bolschewismus in Russland.

Der russische Bürgerkrieg dauerte bis 1922 und kostete über acht Millionen Menschen das Leben. Die siegreichen Bolschewiken führten umgehend den Kommunismus ein. Die unterlegenen Kräfte flohen und verbreiteten die „Protokolle der Weisen von Zion" über ganz Europa. Nun wurden die Juden überall als Verursacher der Russischen Revolution beschuldigt. Sogar bis in die USA schlug der Judenhass seine Wellen. Der Industrielle Henry Ford ließ die „Protokolle der Weisen von Zion" in 16 Sprachen übersetzen und in alle Welt verbreiten.

In Deutschland wurden die Beschuldigungen von der Presse aufgegriffen. Tageszeitungen veröffentlichten Auszüge aus dem Roman „Biarritz". Häufig wurde das Kapitel: „Auf dem Judenkirchhof von Prag" zitiert. Es wurde als „Rede des Rabbiners" bekannt und das Schlusswort: „In 100 Jahren werden wir die Könige der Welt sein" empörte die Deutschen über alle Maßen. Obwohl nachgewiesen wurde, dass die Ereignisse der „Protokolle der Weisen von Zion" nicht auf Tatsachen beruhten, wurden sie zum Verkaufsschlager. Alleine die Ausgabe von „Ludwig Müller" (alias Gottfried zur Beek) brachte es auf über 22 Auflagen. „Alfred Rosenbergs" Kommentar zu diesem Buch wurde 1923 häufig gelesen und „Julius Streicher" hetzte seine Leserschaft im auflagenstarken „Stürmer" gegen die unverschämten Juden auf.

Adolf Hitler behauptete in seinem 1925 veröffentlichten „Mein Kampf", dass die Protokolle schon deshalb
echt sein müssen, weil die von ihm als jüdisch bezeichnete Frankfurter Zeitung deren Authentizität an-
gezweifelt hatte. Er zog zwar in Erwägung, dass die
„Protokolle der Weisen von Zion" gefälscht sein
konnten, unterstrich jedoch:

*„Es ist ganz gleich, aus welchem Judenkopf diese
Enthüllungen stammen, maßgebend ist, dass sie mit
geradezu grauenerregender Sicherheit das Wesen und
die Tätigkeit des Judenvolkes aufdecken."*

Adolf Hitler

Ich möchte Ihnen zunächst Hitlers Kinder- und Jugendjahre beschreiben. Sie werden sehen, dass er schon früh mit dem Antisemitismus in Berührung kam: Adolf Hitler wurde am 20.4.1889 als Sohn des Zollbeamten Alois Hitler und seiner Frau Clara in Braunau am Inn, Oberösterreich geboren. Von Berufs wegen zog der Vater mit seiner Familie häufig um. Der junge Hitler besuchte daher verschiedene Volksschulen und erwies sich zunächst als guter Schüler.

Als er jedoch im Schuljahr 1900/01 auf die Realschule nach Linz wechselte, blieb er wegen „mangelnder Arbeitslust" sitzen. Am Geschichtsunterricht allerdings nahm er mit Interesse teil. Er bezeichnete seinen Geschichtslehrer Dr. Leopold Pötsch später in „Mein Kampf" als „vielleicht bestimmend für mein ganzes späteres Leben." Pötschs Vorliebe galt der Zeit der Germanen und des Wilhelminischen Kaiserreichs (1871-1918). Hitler bewunderte diesen Lehrer, weil er die großen Zusammenhänge erklärte und sich nicht auf Details versteifte:

„Wir saßen da, oft zu heller Glut begeistert, mitunter sogar zu Tränen gerührt. Das Glück ward umso größer, als dieser Lehrer es verstand, aus der Gegenwart Vergangenes zu erleuchten, aus der Vergangenheit aber die Konsequenzen für die Gegenwart zu ziehen. So brachte er denn auch mehr als sonst einer Verständnis auf, für alle die Tagesprobleme, die uns damals in Atem hielten. Unser kleiner nationaler Fanatismus war ihm ein Mittel zu unserer Erziehung, indem er öfter als einmal, an das nationale Ehrgefühl

appellierend, dadurch allein uns Rangen schneller in Ordnung brachte, als dies durch andere Mittel je möglich gewesen wäre. "

Zu dieser Zeit schwärmte die österreichische Jugend für die Thesen des Georg Ritter von Schönerer. Der Führer der „Deutschnationalen Bewegung in Österreich" war populär unter Schülern, weil er sich vor Beginn seiner politischen Karriere öffentlich für ihre sozialen Belange eingesetzt hatte. Freudig begrüßten sich die Schüler der Linzer Realschule mit „Heil" und hefteten sich Kornblumen ans Revers. Die Kornblume war die Parteiblume Schönerers und symbolisierte den neuen Trend zur Natürlichkeit. Dass der Rittersmann ein eingefleischter Antisemit war, focht die Jugend nicht an. Um das Schuljahr nicht zu wiederholen, wechselte Hitler an die Realschule in Steyr. Doch auch hier versagte er. 1902 brach er die Schulausbildung als 16Jähriger ohne Abschluss ab.

Im Jahr 1903 starb der jähzornige Vater und die Mutter verzog mit ihren Kindern nach Linz. Hitler verfügte nun über Geld, denn neben einer Halbwaisenrente erhielt er von der Mutter einen Vorschuss auf Vaters Erbteil. Hitler interessierte sich für Architektur, Literatur über Antisemitismus und Rassismus und für die Musik von Richard Wagner.

Im September 1907 reiste er nach Wien und unterzog sich zusammen mit 112 weiteren Kandidaten der Aufnahmeprüfung an der allgemeinen Malerschule der Wiener Kunstakademie. Seine mitgebrachten Zeichnungen qualifizierten ihn zum Probezeichnen. In der Aufnahmeprüfung jedoch scheiterte er, weil er keine

Köpfe zeichnen konnte. Man empfahl ihm, Architektur zu studieren, doch Hitler hatte keinen entsprechenden Schulabschluss.

Als die Mutter Ende 1907 an Brustkrebs starb, gab Hitler seinen Traum, Künstler zu werden, auf. Er erhielt zwar von einer Bekannten ein Empfehlungsschreiben an den Bühnenbildner der Wiener Staatsoper, Professor Alfred Roller. Doch suchte er den Mitbegründer der „Wiener Secession" nie auf. In den nächsten zwei Jahren war Hitler unter verschiedenen Wiener Adressen gemeldet. Es gibt jedoch Meldelücken und so wird angenommen, dass er immer wieder obdachlos war.

Anfang 1910 bezog Hitler ein Zimmer im Männerwohnheim in der Meldemannstraße. Trotz schäbiger Kleidung legte er Wert auf ordentliches Aussehen. Tagsüber saß er häufig in Wiener Cafehäusern herum und las neben den deutschnationalen Zeitungen die antisemitischen Polemiken des Georg Ritter von Schönerer, sowie die Schriften der rassistischen Antisemiten „Jörg Lanz von Liebenfels" und die des Wiener Bürgermeisters „Dr. Karl Lueger". Zwischendurch besuchte er Einrichtungen, wo er kostenlose Suppe und unentgeltliche medizinische Hilfe erhielt.

Hitler begann von einer Welt zu träumen, in dem die arische Rasse herrschte. Vorher jedoch mussten die Juden vernichtet werden, denn sie waren nach antisemitischem Gedankengut auf das gleiche Ziel fixiert. Um seinen Lebensunterhalt zu verdienen, zeichnete Hitler. Da er kontaktscheu war, begann sein Zimmergenosse Reinhold Hanisch seine Zeichnungen zu verkaufen. Hanisch beklagte später, dass Hitler faul war. Denn Hitler dozierte lieber über eine arische Welt. Da sich Hitler von Hanisch hintergangen fühlte, übernahm ein Jude namens Siegfried Löffner den Verkauf seiner Bilder. An diesem Punkt zeigte sich, dass Hitler gute persönliche Erfahrungen mit Juden gemacht hatte. Hanisch z.B. erzählte später, dass Hitlers neue Freunde im Männerheim lauter Juden gewesen seien.

Ein weiterer Jude namens Josef Neumann vermittelte Hitler zwei jüdische Großkunden: Jakob Altenberg, der eine gut gehende Kette von Rahmen- und Kunstgeschäften betrieb und Samuel Morgenstern, der ein Glasgeschäft mit Werkstatt führte. Durch Morgenstern wiederum lernte Hitler den jüdischen Rechtsanwalt Josef Feingold kennen, der Hitler in dessen letzten Wiener Jahren immer wieder Bilder abkaufte.

Am 24.5.1913 machte sich Hitler, nachdem er das restliche Erbe seines Vaters ausbezahlt bekam, auf den Weg nach München.

Hitlers Aufstieg zur totalen Macht

In München las Hitler die rassistischen Schriften des Houston Stewart Chamberlain. Er war beeindruckt, vor allem das Standardwerk des theoretischen Rassenantisemitismus „Grundlagen des 19. Jahrhunderts" hatte es ihm angetan. Um seinen Broterwerb zu sichern, malte er Aquarelle und Ölbilder und verkaufte die Arbeiten in der Kunsthandlung Stuffle am Maximiliansplatz.

Am 28.7.1914 begann der Erste Weltkrieg. Hitler trat am 16.8.1914 als Freiwilliger in die Bayerische Armee ein. Er wurde von seinen Vorgesetzten als korrekter Soldat bezeichnet und mit mehreren Kriegsorden ausgezeichnet. Bei seinen Kameraden hingegen war er wegen seiner „den Offizieren gegenüber unkritischen Haltung" eher unbeliebt. Nach Kriegsende kehrte Hitler in die Kaserne seines Regiments zurück. Er ließ sich mehrfach als Vertrauensmann seines Regiments wählen und wurde damit eine Art Verbindungsmann zur Münchner Räteregierung. Diese plante, eine Rätedemokratie im Freistaat Bayern zu errichten.

Um diese Zeit wurde Hitler von der Reichswehrverwaltung angeworben. Es gibt Hinweise darauf, dass er auf sich aufmerksam gemacht hatte, indem er seine Regimentskameraden denunzierte, die der inzwischen gestürzten Räteregierung nahe standen. Seine neue Aufgabe bestand darin, politische Parteien und Zirkel zu bespitzeln, die in München wie Pilze aus dem Boden schossen. Wichtige Männer von der Reichswehrverwaltung, wie z.B. Hauptmann Ernst Röhm, erkannten Hitlers Talent als potenzieller Aufwiegler. Da sie Verwendung für ihn hatten, schickten sie ihn auf eine Schulung für Propaganda-Redner.

Es war das Jahr 1918 und das Deutsche Reich war pleite, weil man die gesetzliche Banknoteneinlösungspflicht gegen Gold mit Kriegsbeginn im August 1914 aufgehoben hatte. Denn die Goldreserven waren völlig aufgebraucht.

1918/19 kam es zur Novemberrevolution. Am 21.2.1919 wurde der bayerische Ministerpräsident Kurt Eisner ermordet und seine Räteregierung am 2.5.1919 gewaltsam niedergeschlagen.

Am 12.9.1919 besuchte Hitler erstmals eine Versammlung der Deutschen Arbeiter Partei (DAP). Als dabei ein Redner die Trennung Bayerns vom Reich forderte, regte sich Hitler auf und widersprach ihm energisch. Hier trat er zum ersten Mal als öffentlicher Redner in Erscheinung.

Am 19.10.1919 trat Hitler im Auftrag seiner Vorgesetzten der DAP bei. Diese suchte einen Agitator, um die Arbeiter und Angehörigen der Unterschichten für ihre rechtsradikalen Ideen zu gewinnen. Hitler verschaffte der DAP mit seinem demagogischen Talent eine große Zuhörerschaft. Auf zahllosen Auftritten schob er die Schuld an der Inflation und Arbeitslosigkeit dem „Versailler Vertrag" den Kommunisten und den Juden zu. Das Publikum war begeistert, dass endlich mal jemand seinen Mund aufmachte.

Ab 10.1.1920 trat der Versailler Vertrag in Kraft und verschlimmerte die wirtschaftliche Situation. Dieser Vertrag verpflichtete das Deutsche Reich zu hohen Reparationszahlungen an die Siegermächte des Ersten Weltkrieges. Infolge dieser Last brach das Geldsystem zusammen und die alte Mark wurde außer Kraft gesetzt. Die Inflation steigerte sich bis 1923 zur Hyperinflation.

Da Hitler mit seinen Reden immer mehr Zuhörer und Mitglieder anlockte, wurde er für die Partei immer wichtiger. Am 24.2.1920 stellte er auf der ersten Massenveranstaltung vor 2000 Besuchern sein nationalistisches 25-Punkte-Programm vor. Gleichzeitig ließ er die Partei in Nationalsozialistische Deutsche Arbeiterpartei (NSDAP) umbenennen.

Am 31.3.1920 wurde Hitler aus der Armee entlassen. Im Juli 1921 entmachtete er die alte Parteiführung der NSDAP und erzwang seine Wahl zum Parteivorsitzenden.

Bayern wurde inzwischen von dem nationalistisch und monarchistisch gesinnten Generalstaatskommissar Gustav Ritter von Kahr regiert. Hitler sah in Kahr einen Verbündeten, um die Regierung in Berlin zu stürzen. Mussolinis Marsch im Oktober 1922 nach Rom als Vorbild, drang Hitler am 8. November 1923 mit dem früheren Generalquartiermeister der Obersten Heeresleitung Erich Ludendorff in den Münchner Bürgerbräukeller ein, wo eine Versammlung der Bayerischen Regierung stattfand. Um sich Gehör zu verschaffen, schoss Hitler mit einer Pistole in die Luft und forderte von Kahr auf, die deutsche Reichsregierung unter Gustav Stresemann zu stürzen.

Einen Tag später am 9.11.1923 marschierten der sich schon an der Macht wähnende Hitler mit Ludendorff, an der Spitze einer erregten Menschenmenge, zur Feldherrnhalle. Es kam jedoch zu Auseinandersetzungen mit der Bayerischen Landespolizei. Dabei wurden 4 Polizisten, 1 Passant und 16 Putschisten getötet. Hitler wurde verhaftet und unter Anklage gestellt.

Im folgenden Prozess bekannte er sich im Sinne der Anklage für unschuldig und analysierte die deutsche Kriegsniederlage zum eigentlichen Hochverrat um. Er vertrat die „Dolchstoßlegende", eine Verschwörungstheorie, die von der Obersten Heeresleitung erfunden wurde, um die Schuld an der Kriegsniederlage auf die Sozialdemokraten abzuwälzen. Die Zuschauer sympathisierten mit seinem Standpunkt und das Gericht lehnte es ausdrücklich ab, einen Mann, der so deutsch denkt und fühlt wie Hitler, als verurteilten Ausländer aus Deutschland auszuweisen. Er musste in der Justizvollzugsanstalt Landsberg einsitzen, wo er den ersten Teil seines Buches: „Mein Kampf" schrieb. Der zweite Teil entstand nach seiner vorzeitigen Haftentlassung im Dezember 1924. Nun begann Hitler die NSDAP wieder unter seine Kontrolle zu bringen. Nach dem gescheiterten Putsch war er jetzt entschlossen, die Macht mit den Spielregeln der Demokratie zu erreichen.

Hitler wurde durch den deutschnationalen Großverleger „Alfred Hugenberg" bei Deutschlands Industriellen bekannt gemacht. Er stellte ihnen seine Pläne für ein großdeutsches Reich eindrucksvoll vor. Ab 1926 begannen die Spendengelder zu fließen. Bis 1945 kamen 700 Millionen Reichsmark zusammen. Sogar ausländische Industrielle, die Hitler im Kampf gegen die Bolschewisten unterstützen wollten, füllten die Kassen der Nationalsozialistischen Deutschen Arbeiterpartei. Nach Schätzungen der Reichskanzlei in den Jahren 1931 und 1932 ca. 40 - 45 Millionen Reichsmark.

Bald begann die paramilitärische Ordnertruppe der NSDAP, die sog. SA (Sturmabteilung), kommunistische Funktionäre, Reichstagsabgeordnete, linke Sozialdemokraten und parteiunabhängige Pazifisten in Inhaftierungslager zu verschleppen, die sie zuvor selbst erbaut hatten. In dieser Frühphase kam es zu insgesamt 26.000 Festnahmen.

Aufgrund des „Schwarzen Donnerstags" vom 24.10.1929 brach eine Weltwirtschaftskrise aus. Österreichs größte Bank, die „Creditanstalt" ging pleite und verursachte unter Europas Banken und insbesondere in Deutschland die totale Panik.

Am 27. März 1930 brach die Weimarer Republik auseinander. Die NSDAP gewann an enormen Stimmenzuwächsen und siegte im Juli 1932 bei den Reichstagswahlen.

Am 30. Januar 1933 sah sich Reichspräsident Paul von Hindenburg gezwungen, Hitler zum Reichskanzler zu ernennen.

In der Nacht zum 28. Februar 1933 brach das Gebäude des Reichstag in Berlin in Feuer aus. Sofort wurden die verhassten Kommunisten der Brandstiftung beschuldigt. Beweise gab es keine.

Am 30.1.1933 erwirkte Hitler bei Reichspräsident Hindenburg den Erlass von Notverordnungen. Mit ihnen war er in der Lage, die Grundrechte der „Weimarer Verfassung" außer Kraft zu setzen. Nun konnte er politische Gegner beliebig inhaftieren. Die NSDAP begann, das Deutsche Reich in einen Polizeistaat umzubauen. So sollte neben der Ordnungspolizei auch eine Geheime Staatspolizei für Recht und Ordnung sorgen. Unterstützt wurden die beiden Sicherheitsorgane von den Truppen der SA, die überall zuschlugen, wo es erforderlich war.

Hitler verbot nun alle Parteien außer der eigenen und unterstellte Presse, Gewerkschaften und Länderregierungen der Kontrolle der NSDAP. Nun besaß er die alleinige Macht im Staat. Nur der Oberbefehl über die Armee fehlte noch.

Die NSDAP kurbelte die Wirtschaft an. Straßen- und Brückenbau wurden aktiviert, Schiffs- und Flugzeugbau angekurbelt und die Truppenstärke von Hunderttausend auf eine Millionen Soldaten erhöht. Der spürbare Aufschwung kam in der Bevölkerung gut an. Doch für Hitler waren das alles nur Kriegsvorbereitungen.

Am 1.6.1933 trat die sog. „Adolf-Hitler-Spende" in Kraft. Es handelte sich um betriebliche Zwangsabgaben, die nach Lohn- und Gehaltssummen berechnet

wurden. Bis 1945 kamen so 700 Millionen Reichsmark zusammen.

Als Reichspräsidenten Paul von Hindenburg am 2.
August 1934 starb und der Oberfehl der Reichswehr
ohne Protest auf Hitler überging, war er am Ziel. Er
war nun Reichskanzler, Reichspräsident und Oberbe-
fehlshaber der Streitkräfte in einer Person. Die Auf-
rüstung der Wehrmacht hatte von Anfang an eine ent-
scheidende Bedeutung. Nachdem am 16.3.1935 die
Wehrpflicht wiedereingeführt wurde, erhöhte sich ihre
Zahl bis Ende 1936 von 100.000 auf 550.000 Mann.

Als im Jahr 1936 die Olympiade in Berlin stattfand,
war der Aufschwung in der deutschen Bevölkerung
endgültig angekommen. Die Wochenschauen zeigten
lachende Menschen bei ihrer Arbeit in den Fabriken
und die Regale der Geschäfte füllten sich. Großer Op-
timismus breitete sich aus.

Hitler fehlte es jedoch an Geld, um seine Armee aus-
zurüsten. Denn die wichtigen Rohstoffe, wie z.B.
Mangan (für Granathülsen und Gewehrläufe), Wolf-
ram (für optische Zielapparate der Panzer und Aero-
nautik), Chrom (für Kugellager), Eisenerze (für Kano-
nen) und Öl mussten importiert werden. Am 7.1.1939
teilte der Präsident des Reichsbank Direktoriums Dr.
Hjalmar Schacht dem Führer mit, dass der Banknoten-
umlauf durch Grund und Boden und Wertpapiere
nicht mehr gedeckt und Gold- und Devisenreserven
nicht mehr vorhanden waren. Deutschland war pleite
und Hitler tobte. Er jagte Schacht und fünf weitere Di-
rektoren aus ihren Ämtern und beschloss, das Problem
auf seine Weise zu lösen.

Am 23.08.1939 schloss er einen Nichtangriffspakt mit Stalin und überfiel neun Tage später, am 1.9.1939, unter einem Vorwand die souveräne Republik Polen. Die deutschen Rundfunkteilnehmer hörten Hitlers berühmten Satz: *„Seit 5:45 Uhr wird jetzt zurückgeschossen."*

Nach dem Einmarsch wurde die Polnische Zentralbank umgehend der Deutschen Zentralbank unterstellt. Damit waren die finanziellen Mittel da, um die benötigten Rohstoffe zu ordern.

1940 befahl Hitler die Überfälle auf Dänemark, Norwegen, Niederlande, Belgien, Luxemburg und Frankreich. Und jedes Mal öffnete die SS die Tresore der Zentralbanken und beschlagnahmten Berge von Geld und Gold und riesige Mengen an Münzen. Dazu kamen unzählige Goldzähne und Schmuckstücke der Juden.

Nun tat sich für Hitler ein unerwartetes Problem auf: Obwohl er liquide war, wollte kein Staat der Welt sein Raubgold als Zahlungsmittel akzeptieren. Und wieder einmal wusste sich Hitler zu helfen. Er ließ mit den Schweizer Banken verhandeln. Darüber sind sich amerikanische und britische Experten heute sicher. Es wurde vereinbart, dass das Raubgold heimlich in Berlin geschmolzen und umgegossen, dann in Züge verladen und in die Schweiz transportiert wurde. Nun konnten die Schweizer Banker ihre weißen Westen behalten und Hitler bekam seine Devisen.

Hitlers Erlöseranspruch

Was auch immer in Hitler hinein interpretiert wurde, er selbst sah sich als religiös-politische Erlöserfigur. Als die deutsche Wehrmacht am 1. September 1939 Polen überfiel, rief Hitler das Deutsche Reich zum „Dritten Reich" aus und erklärte, dass der von ihm geführte Staat tausend Jahre dauern werde. Der Begriff „Drittes Reich" wurzelt in der christlichen Geschichtstheologie. Dort wurde die Geschichte des Abendlandes in ein heidnisches, alttestamentliches und christliches Reich gegliedert. Im 12. Jahrhundert interpretierte der Geschichtstheologe Joachim von Fiore diese Einteilung um. Für ihn war das erste Reich das alttestamentliche, das zweite Reich das christliche und das dritte Reich das einer göttlichen Person. Hierzu sah sich Hitler offensichtlich auserkoren.

Da Gegner des nationalsozialistischen Regimes über den Erlösungsanspruch Hitlers lachten, wies das Reichspropagandaministerium die reichsdeutsche Presse am 10.7.1939 an, den Begriff „Drittes Reich" künftig zu vermeiden. Fortan wurde nur noch vom Tausendjährigen Reich gesprochen. In diesem Zusammenhang ist überliefert, dass sich Heinrich Himmler, Reichsführer-SS und späterer Reichsinnenminister als Inkarnation König Heinrich I. sah. Das Elternhaus Himmlers und seiner beiden Brüder wurde dominiert vom Vater, Schuldirektor am Wittelsbacher Gymnasium in München. In der Erziehung seiner Söhne setzte Gebhard Himmler auf die deutschen Kernsekundärtugenden „Strenge, Disziplin und Anständigkeit."

Um den Ansprüchen des strengen Vaters zu genügen, begann sich der karrieresüchtige Heinrich als Inkarnation des Slawenbezwingers König Heinrichs I. zu betrachten. Dieser regierte von 919 bis 936 das ostfränkisch-deutsche Reich und wurde 1922 anlässlich des 1000-jährigen Stadtgeburtstages von Quedlinburg so beschrieben:

„Wie er mit Festigkeit und zugleich kluger Versöhnlichkeit die noch widerstrebenden Fürsten für sich gewann und die Einheit des rein völkischen Staates schuf, wie er die Reichsgrenzen nach Westen und Norden schützte, wie er, nur das wirkliche Erreichbare im Auge, der deutschen Staatskunst den erfolgsverheißenden Weg nach Osten wies, ohne sich auf italienische Abenteuer einzulassen, wie er die Besiegung der Ungarn zäh und umsichtig vorbereitete und glorreich durchführte ....."

Der Holocaust (griech: vollständig Verbranntes)

Mit dem Holocaust strebte Hitler die systematische und vollständige Ausrottung der europäischen Juden an. Diese Vernichtungsabsicht betraf auch andere Gruppierungen, wie die Roma und Sinti. Dass die deutsche Bürokratie den massenhaften Mord an den Juden so gleichgültig plante und durchführen ließ, lag vor allem an der Kirche, die den Judenhass jahrhundertelang legitimiert hatte.

Als Hitler am 30.1.1933 zum Reichskanzler ernannt wurde, rief die NSDAP ab 1.4.1933 zum Boykott jüdischer Geschäfte, Warenhäuser, Banken, Arztpraxen, Rechtsanwalts- und Notarkanzleien auf. Damit sollten die Juden aus dem deutschen Wirtschaftsleben verdrängt werden. Um das Ganze zu legalisieren, wurde am 7.4.1933 das „Gesetz zur Wiederherstellung des Berufsbeamtentums" erlassen. Damit ließ Hitler die SA (Sturmabteilung), seine persönlichen Schlägertrupps, auf die Juden los. Unbequeme und empörte Beamte wurden ebenfalls aus ihren Ämtern entfernt.

Bald wollte Hitler die mächtige SA loswerden. Daher hatte er Heinrich Himmler am 6.1.1929 vorsorglich zum Reichsleiter SS erhoben. Die Schutzstaffel (SS) stellte zu diesem Zeitpunkt noch eine Untereinheit der SA dar. Am 1.7.1934 ließ Himmler, auf Hitlers Befehl, den Stabschef der SA, Ernst Röhm, ermorden.

Die SS wurde Hitlers persönliche Mördertruppe. Ihre Mitglieder wähnten sich als Sippengemeinschaft, die ihr Leben und das ihrer Familienangehörigen Ordensregeln unterwarfen. Damit bildete sie eine Art politischer Polizei, die Hitler treu bis in den Tod diente.

Ebenfalls 1934 verschlechterte sich die berufliche Situation der Juden in Deutschland. Sie wurden nicht mehr zu Prüfungen als Ärzte und Apotheker zugelassen und erhielten von zahlreichen Berufsverbänden Berufsverbote. Am 15.9.1935 traten die „Nürnberger Gesetze" in Kraft. Sie beinhalteten das Gesetz zum Schutz des deutschen Blutes und der deutschen Ehre, sowie das Reichsbürgergesetz. Nun waren Eheschließungen zwischen Nichtjuden und Juden, sowie außerehelicher Geschlechtsverkehr zwischen ihnen verboten. Verstöße gegen dieses Gesetz wurden als Rassenschande mit Gefängnis und Zuchthaus bestraft.

1936 hielten sich die Nazis wegen der Olympischen Sommerspiele in Berlin zurück. Das Leben schien sich wieder zu normalisieren. Die Ruhe hielt bis Ende 1938.

Am 7.11.1938 schoss der 17-jährige polnische Jude „Herschel Grynszpan" auf den Legationssekretär „Ernst vom Rath" in der deutschen Botschaft in Paris. Damit wollte er sich an der Zwangsrücksiedlung seiner Familie von Deutschland nach Polen rächen. Zwei Tage später erlag Ernst vom Rath seinen Verletzungen. An diesem Tag feierte die NSDAP-Führerschaft an der Münchner Feldherrnhalle das alljährliche Gedenken an den Hitlerputsch vom 9.11.1923. Als Hitler die Nachricht vom Tod des Ernsts vom Rath erhielt, verließ er die Kundgebung umgehend. Nun betrat sein Einpeitscher Goebbels den Rednerpult und forderte die Masse zu einem Schlag gegen das Judentum auf.

In der folgenden Nacht, der sog. Reichskristallnacht, erhob sich, wie es damals offiziell hieß, der spontane Volkszorn. Die Aktionen wurden geleitet von Einheiten der SA und Ortsgruppenleitern der NSDAP. Völlig unorganisiert wurden 7.500 jüdische Geschäfte zerstört und die meisten Synagogen in Brand gesteckt. In Stuttgart nahm der Branddirektor die Sache mit einem Eimer Waschbenzin selbst in die Hand. In Cannstatt war es der Leiter der dortigen Feuerwache. Der Leiter der Sicherheitspolizei Reinhard Heydrich wies die Polizei an, die Übergriffe zuzulassen. Die Feuerwehr rückte oft nur aus, um ein Übergreifen der Flammen auf benachbarte Häuser zu verhindern. Jüdische Männer, Frauen und Kinder wurden auf offener Straße misshandelt und verschleppt. Heydrich ließ 20.000 bis 30.000 gesunde und männliche Juden „nicht zu hohen Alters" verhaften und in ein schon damals bestehendes Konzentrationslager bringen. Dort erfuhren sie eine bis dahin unbekannte Brutalität und Grausamkeit. Anschließend musste das deutsche Judentum die entstandenen Schäden selbst bezahlen. Zusätzlich wurde ihnen eine Sühneleistung in Höhe von einer Milliarde Reichsmark auferlegt.

Ab Juli 1938 mussten die Juden ihre Vermögenswerte vollständig registrieren lassen. Damit konnten sie nicht mehr frei über ihr Vermögen verfügen.

Am 12.11.1938 trat die „Verordnung zur Ausschaltung der Juden aus dem deutschen Wirtschaftsleben" in Kraft. Nun ging es Schlag auf Schlag. Zunächst wurden die vom Pöbel verschonten Geschäfte zwangsweise nichtjüdischen Personen übereignet oder zu einem Bruchteil ihres Wertes übertragen.

Ab 1.1.1939 wurden den Juden das Betreiben von Einzelhandelsgeschäften, sowie das Anbieten von Waren und Dienstleistungen, vollständig untersagt.

Am 30.1.1939 kündigte Hitler in einer Reichstagsrede die Vernichtung der jüdischen Rasse an. Dieses Ziel hatte er bereits in seinem Buch „Mein Kampf" beschrieben. Das Buch wurde ein Verkaufsschlager. Die Deutschen konnten hier schon alles über den Anschluss Österreichs an das Deutsche Reich, die Vernichtung des Marxismus, die Zerschlagung der Sowjetunion und die Ausrottung des europäischen Judentums lesen. Die Gesamtauflage von über 10 Millionen Büchern brachte der NSDAP bis 1943 viel Geld in die Kasse. Ab 1936 verteilten die Standesämter das Buch gratis an alle Frischvermählten und eine Ausgabe erschien sogar in Blindenschrift.

Bevor die Endlösung in die Tat umgesetzt wurde, nahmen die Nazis sechs Euthanasieanstalten in Betrieb. Dort experimentierten sie unter dem Deckmantel des Gnadentoderlasses vom 1.9.1939 mit der Wirkung von Todesspritzen, Medikamenten und Gas. Dabei töteten sie bis 1945 rund 200.000 körperlich und geistig behinderte Männer, Frauen und Kinder. Des Weiteren kamen ab September 1941 in den eroberten Gebieten von Polen und der Sowjetunion mobile, mit speziellen Gasanlagen ausgerüstete LKWs, zum Einsatz. Dabei sperrten SS-Spezialeinheiten Gefangene in die hermetisch abgeriegelten Kastenaufbauten und töteten sie mit eingeleiteten Auspuffabgasen. Zur gleichen Zeit wurden in der NS-Tötungsanstalt Brandenburg/Havel Probevergasungen an sowjetischen Gefangenen durchgeführt.

Ab Juli 1941 wurde im Konzentrationslager Majdanek (Polen) das erste Krematorium in Betrieb genommen. Es war ausgestattet mit einem Auskleideraum, einer Gaskammer und hochmodernen Öfen für die Leichenverbrennungen.

Am 20.1.1942 stimmten Vertreter der Reichsbehörden auf der „Wannsee-Konferenz" über Kosten, Organisation und Durchführung des fabrikmäßig geplanten Massenmordes ab. Die „Endlösung der Judenfrage" betraf auch Roma und Sinti, Zeugen Jehovas, Homosexuelle, Zwangsarbeiter und sonstige Nazi Gegner. Als Ergebnis wurden bis September 1942 in den eroberten Gebieten sechs große Vernichtungslager in Betrieb genommen. Je nach Größe eines Krematorium konnten nun bis zu 2000 Menschen auf einmal getötet werden. Zusätzlich zu den Tötungsanstalten wurden auch mehrere Konzentrations- und Vernichtungslager mit Gaskammern und Öfen ausgerüstet.

Bald war das gesamte nationalsozialistische Herrschaftsgebiet flächendeckend mit tausenden von Konzentrations-, Arbeits- und Außenlagern übersät. Und immer wurden sie in der Nähe von Produktionsstätten erbaut. Dort wurden die Insassen zu Zwangsarbeiten gezwungen. Wer zu schwach zum Anmarsch oder krank war, wurde sofort erschossen. Gab es zu viele Tote, wurden die KZs auf Antrag mit kleinen Gaskammern ausgestattet.

IG Farben war der damals größte Pharmakonzern der Welt und verdiente glänzend am Holocaust. Er setzte sich aus Bayer, BASF, Agfa und Farbwerke Höchst zusammen. Bevor Hitler an die Macht kam, steuerte die IG Farben gerade auf das Resultat einer riesigen Fehlinvestition zu. Der Firmenverbund hatte im Jahr 1926 begonnen, synthetisches Benzin herzustellen. Die Kosten waren jedoch zu hoch und die Preise konnten nicht mit dem aus Erdöl gewonnen Benzin konkurrieren. Doch Hitler veränderte die Sachlage: Um von den Erdöl exportierenden Ländern unabhängig zu sein, schloss er mit der IG Farben einen Vertrag über 350.000 Tonnen synthetischen Benzins und 75.000 Tonnen Treibstoff. Dabei garantierte er die geforderten Mindestpreise.

Die IG Farben durfte auf dem Gelände ihrer Buna-Werke ein KZ errichten. Es wurde KZ Monowitz, bzw. KZ Auschwitz III genannt. Das KZ war eines von vierzig Nebenlagern, das zum Hauptlager Auschwitz gehörte. Dieses lag etwa 6 km entfernt. Die Buna-Werke produzierten „Buna", das synthetische Benzin. Da die Häftlinge täglich elf Stunden arbeiten mussten, die Ernährung jedoch völlig unzureichend war, waren sie nach drei bis vier Monaten völlig ausgezehrt. Die Werksleitung drängte zwar auf eine bessere ärztliche Versorgung, verweigerte jedoch anteilige Kostenübernahmen.

Nach dem Krieg waren sowohl Täter als auch Zuschauer der NS Gräueltaten mit dem Wiederaufbau der zerstörten deutschen Infrastruktur und Wirtschaft beschäftigt. Sie behaupteten, von den Judenvernichtungen nichts gewusst zu haben. Doch heute steht fest, dass große Bevölkerungsgruppen mitbekamen, dass mit den Juden irgendetwas Schlimmes geschah. Z. B. befanden sich die Sammelplätze, an denen sich die Juden vor ihren Abtransporten einzufinden hatten, meist mitten in den Großstädten. Auch die Direktion der Deutschen Reichsbahn und ihre Beamten und Angestellten bekamen mit, dass etwas mit den Häftlingen passierte, die tagein tagaus in die Lager transportiert wurden. Allein vom Warschauer Getto verkehrte ab 27.7.1942 täglich ein Zug mit jeweils 5.000 Juden in das KZ Treblinka. Auch Teile der Bevölkerung wurden Zeugen des Holocaust. Viele Deutsche sahen die mit Juden beladenen Güterzüge, die quer durch das Deutsche Reich rollten. Manchmal blieben sie auf offener Strecke oder auf Nebengleisen stehen. Dann näherten sich vorwitzige Menschen den offenen Waggons. Nun konnten sie mit eigenen Augen sehen, worüber nur im Stillen gemunkelt wurde.

Über 100.000 Mitwisser befanden sich unter dem KZ-Personal. Allein in den großen KZs waren im Januar 1945 rund 40.000 Mann beschäftigt. Auch Zigtausende Angehörige der Wehrmacht bekamen mit, was die Sondereinheiten der SS mit der Bevölkerung und den Juden machten, sobald die Armeen vorgedrungen waren. Und hatten sie auf Heimaturlaub erst mal ein paar Bier getrunken, lösten sich ihre Zungen.

Klartext sprachen auch die Kamine der Krematorien. Aus ihnen drang den Beschreibungen nach ein „eigenartiger, ekelhafter Geruch", der die Bewohner der umliegenden Ortschaften belästigte. Doch überall saßen die Funktionäre der NSDAP mit großen Ohren und die Leute schwiegen aus Angst. Doch es gab auch die mutigen Deutschen.

Seit seiner Staatsgründung im Jahr 1948 ehrt Israel nichtjüdische Einzelpersonen, die im 2. Weltkrieg ihr

Leben einsetzten, um Juden vor der Ermordung zu retten, mit dem Ehrentitel „Gerechter unter den Völkern". Dieser aus dem Talmud stammende Ausdruck besagt, dass die Gerechten unter den Völkern einen Platz in der kommenden Welt haben werden. Bis April 2007 erhielten etwa 21.750 Männer und Frauen speziell geprägte Medaillen mit ihren Namen und folgendem Zitat aus dem „Mischnatraktat Sanhedrin":

„Wer ein Menschenleben rettet, rettet die ganze Welt."

Um Ihnen einen Eindruck zu vermitteln, wie die KZs organisiert waren, schildere ich Ihnen nachstehend den Tagesablauf im KZ Dachau:

4:00 Uhr: Wecken, Klo putzen, Tag- und Schlafräume säubern, Frühstück.
5:00 Uhr: Raus aus dem Block
5:15 Uhr: Zählappell
6:00 Uhr: Abmarsch zur Arbeit
12:00 Uhr: Mittagessen
13:00 Uhr: Arbeit
18:00 Uhr: Arbeitsende, Zählappell, Heimmarsch, Abendessen.
21:00 Uhr: absolute Nachtruhe

Hierzu möchte ich bemerken, dass die Zählappelle abends oft einundeinhalb Stunden und länger dauerten, weil die Häftlinge nicht immer vollständig erschienen waren. Dann wurde so lange gesucht, bis der letzte Mann gefunden war, tot oder lebendig.

Die KZs unterstanden der Verwaltungs- und Führungsbehörde IKL (Inspektion der Konzentrationslager). Diese gab Richtlinien heraus, die für alle KZ´s verbindlich waren. Die Struktur der Abteilungen richtete sich jedoch nach der Größe eines KZs.

An der Spitze eines KZs stand der Lagerkommandant. Er befehligte fünf Abteilungen: Kommandantur-Stab, Politische Abteilung, Schutzhaftlager, Standortverwaltung, Sanitätswesen.

Die Politische Abteilung, auch Lager-Gestapo genannt, unterstand jedoch nicht der IKL, sondern der zuständigen Gestapo-Leitstelle. Sie registrierte Einweisungen, Entlassungen, Verlegungen, Flucht und Tod der Häftlinge. Da zu ihrem Aufgabenbereich auch die Bekämpfung der Lagerwiderstandsbewegungen gehörte, waren ihre verschärften Verhöre bei den Häftlingen sehr gefürchtet.

Der Begriff „Schutzhaftlager" war reiner Hohn. Er bedeutet, dass die Juden offiziell in Schutzhaft genommen wurden. Rechtsgrundlage war die Reichstagsbrandverordnung vom 28.02.1933.

Der Schutzhaftlagerführer war gleichzeitig der Stellvertreter des Lagerkommandanten und ihm direkt untergeben. Er hatte dessen Befehle auszuführen und war verantwortlich für die Einhaltung der Lagerordnung. Ihm gegenüber war übrigens der lagerälteste KZ-Häftling verantwortlich.

Dem Schutzhaftlagerführer war der Rapportführer unterstellt. Dieser fungierte als Bindeglied zum Lager.

86

Er hatte täglich Report zum Häftlingsbestand zu machen, leitete die Häftlingsschreibstube, die Einteilung der Blockführer und die Durchführung der Lagerstrafen.

Die Blockführer waren für die Zählappelle und Einteilungen der Arbeitsgruppen und für die Sauberkeit und Ordnung in den ihnen zugewiesenen Häftlingsblocks verantwortlich. Ihnen gegenüber hatten sich die Blockältesten der Häftlinge zu verantworten.

Schließlich folgten die Arbeitsdienstführer, die die Arbeitseinsätze der Häftlinge organisierten und überwachten. Den Arbeitsdienstführern waren die Kommandoführer unterstellt. Ihnen oblagen die Kommandos über die ihnen zugeteilten Arbeitskommandos. Ihnen gegenüber waren die „Kapos" (KZ Polizisten) verantwortlich. Die Kapos waren selbst Häftlinge und wurden zur Mitarbeit gezwungen. Hier spielten sich menschliche Tragödien ab, denn die Kapos waren bei den Juden, da sie für ihre Aufgabe Vergünstigungen erhielten, besonders verhasst.

Die „Standortverwaltung" regelte die Versorgung mit Kleidung und Lebensmitteln, sowie die Beschlagnahmung von Häftlingseigentum und das Herausbrechen von Zahngold.

Zur Abteilung „Sanitätswesen" gehörten SS-Ärzte und SS Sanitätsdienstgrade. Ihre Aufgabe bestand in der ärztlichen Versorgung des Lagerpersonals. Außerdem stellten sie für die Ermordeten gefälschte Totenscheine aus.

Schließlich gab es noch eine „Kulturabteilung", die zuständig war für Kultur und Weltanschauung des KZ-Personals.

Am 30.4.1945 nahm der Führer Giftampullen. Zur Sicherheit erschoss er sich anschließend mit einer Pistole. Als seine Leiche auf seine Anweisung hin verbrannt wurde und sein Geist hochstieg in den Himmel, da schaute er hinab und sah, was er angerichtet hatte. Noch aber hatte er die 50 Millionen Seelen nicht erblickt, die über ihm vor der Himmelstüre warteten. Und jeder einzelnen Seele war der Schrecken des Krieges anzusehen.

Widerstand gegen Hitler

Bevor sich Hitler selbst richtete, hatten kommunistische, sozialdemokratische, anarchistische, gewerkschaftliche, bündische, kirchliche und militärische Gruppen nach seinem Leben getrachtet. Insgesamt wurden 42 Attentatsversuche dokumentiert, die jedoch alle fehlschlugen. Die bekanntesten Widerstandsbewegungen möchte ich Ihnen beschreiben. Alle Beteiligten bewiesen Mut und Zivilcourage. Ihre Motive waren zwar unterschiedlich, doch verneige ich mich vor jedem von ihnen.

Als die NSDAP am 8.11.1938, anlässlich Hitlers Putschversuch vom 8.11.1923, eine Parade zur Feldherrnhalle abhielt, stand der Schweizer „Maurice Bavaud" inmitten einer Menschenmenge, um den vorüber fahrenden Hitler aus nächster Nähe zu erschießen. Doch gerade als Hitler an ihm vorbeifuhr, war die Sicht versperrt, weil alle Menschen ihre Arme jubelnd nach oben warfen. Bavaud musste unverrichteter Dinge wieder nach Hause fahren. Die Sache flog auf, weil er kein Geld mehr für die Bahnrückfahrkarte hatte und prompt beim Schwarzfahren erwischt wurde. Bei der anschließenden Vernehmung fand man seine Pistole und auffällige Notizen. Er wurde der Gestapo übergeben, wo er unter Folter seinen Attentatsplan gestand. Am 14.5.1941 wurde er durch die Guillotine enthauptet.

Ein Mann namens „Georg Elser" ahnte schon vor Kriegsbeginn, dass Hitler schlimmes Unheil heraufbeschwor. Er fasste den Plan, Hitler zu töten. Er konzentrierte sich auf den 8.11.1939, weil sich Hitler an diesem Tage alljährlich in der Öffentlichkeit zeigte. Um Sprengstoff zu stehlen, arbeitete Georg Elser zunächst in einem Steinbruch. Dann zog er nach 1939 nach München und mietete sich eine kleine Werkstatt, wo er unauffällig einen Zeitzünder konstruierte. Er ging täglich in den Bürgerbräukeller, wo Hitlers Rede geplant war und wartete stets eine günstige Gelegenheit ab, um sich in der Besenkammer zu verstecken. Dort wartete er, bis das Wirtshaus geschlossen war.

Dreißig Nächte lang höhlte er nun in eine Säule hinter dem Rednerpult aus und deponierte darin seine Zeitbombe. Den Schutt versteckte er in einem zusammengerollten Teppich. Am 8. November 1939 explodierte die Bombe tatsächlich zur vorgegebenen Zeit, doch das Attentat scheiterte, weil Hitler seine Rede früher als beabsichtigt beendet hatte. Georg Elser wurde gefasst und kurz vor Ende des 2. Weltkrieges im KZ Dachau erschossen.

In Deutschland entstanden auch Gruppierungen, die zum Widerstand gegen die Nazis aufriefen, bzw. Hitler töten wollten. Nachstehend stelle ich Ihnen die „Rote Kapelle", die „Weiße Rose", den „Kreisauer Kreis" und die Widerstandsgruppe um „Claus Graf von Stauffenberg" vor:

Die Mitglieder der Roten Kapelle verteilten Flugblätter und Klebezettel, auf denen sie über die Gräueltaten der Nazis berichteten. Auch sie versteckten Juden und statteten sie mit gefälschten Papieren aus. Eines Tages konnte die Deutsche Abwehr einen Funkspruch der Roten Kapelle auffangen und dechiffrieren. Empfänger der Nachricht war der Sowjetische Geheimdienst.

Die meisten der 150 Mitglieder der Roten Kapelle wurden verhaftet und im Namen des Volkes ermordet. Die Mitglieder der Weißen Rose verfassten, druckten und verteilten Flugblätter, in denen sie zum Widerstand gegen die Nazis aufriefen. Doch wurde ihnen schon das sechste Flugblatt zum Verhängnis. Am 18. Februar 1943 entdeckte der Hausmeister der Münchner Universität die Geschwister Scholl, wie sie die Flugblätter in der Universität verteilten. Nur vier Tage später wurden sie am 22. Februar 1943 hingerichtet.

Eine andere Opposition, der Kreisauer Kreis, bildete sich Anfang 1940. Diese Gruppe hoffte auf einen Putsch des Militärs und plante die Zeit nach Hitler. Im Januar 1944 wurde der Kopf der Gruppe „Helmuth James Graf von Moltke" von der Gestapo verhaftet. Er wurde im Namen des Volkes verurteilt und Ende Januar 1945 aufgehängt. Zu diesem Zeitpunkt wurde Deutschland längst von den Alliierten bombardiert und lag in Schutt und Asche.

Nach der verlorenen Schlacht von Stalingrad (Anfang 1943) formierten sich Wehrmachtsoffiziere gegen Hitler. Sie hatten begriffen, dass der wahnsinnige Führer das Reich in den militärischen Untergang führte. Als Oberstleutnant Claus von Stauffenberg zu den Verschwörern stieß, wurden Attentatspläne ins Auge gefasst, die jedoch aus verschiedenen Gründen zunächst nicht in die Tat umgesetzt werden konnten. Am 20. Juli 1944 wurde Graf von Stauffenberg zu einer Lagebesprechung ins Führerhauptquartier bestellt. Das war die Gelegenheit. Der Oberst brachte zwei Sprengsätze mit, mit denen er Hitler in die Luft jagen wollte. Da die Besprechung jedoch wegen eines Besuchs von

"Benito Mussolini" um eine halbe Stunde vorverlegt wurde, blieb von Stauffenberg nicht die Zeit, beide Zünder scharf zu machen. Die Explosion hatte daher nicht die erwünschte Wirkung. Von den 24 anwesenden Personen wurden zwar fünf getötet, Hitler jedoch überlebte. Untersuchungen zeigten, dass Hitler wahrscheinlich von einem massiven Tischbein geschützt wurde, an den Stauffenbergs Aktentasche mit dem Sprengsatz abgestellt war. Auch Stauffenberg bezahlte für seinen Mut mit dem Leben. Er wurde gefasst und noch in derselben Nacht standrechtlich erschossen.

Fazit

Nun habe ich die gesamte Entwicklung des Judenhasses niedergeschrieben, seine Ursache jedoch immer noch nicht verstanden. Daher untersuchte ich noch einmal die Ereignisse, die sich kurz vor Jesu Tod in Jerusalem abspielten. Dazu musste ich die vier Evangelien lesen, denn eine andere Quelle über das Leben Jesu gibt es nicht. Dass ein Hebräer namens Jesus jedoch tatsächlich gelebt hat, wissen wir von dem Geschichtsschreiber Flavius Josephus. Er erwähnte ihn in seinen „Antiquitates Judaicae" als Bruder des Jakobus, der im Jahre 62 n. Chr. verurteilt und gesteinigt wurde. Zunächst einmal etwas Grundsätzliches zu den vier Evangelien:

Das Markus-Evangelium wurde um das Jahr 65 in Rom geschrieben. Markus war jedoch kein Apostel, sondern einer von Jesu Anhängern.

Das Matthäus-Evangelium entstand zwischen 80 und 90 in Judäa. Es gilt jedoch nicht als gesichert, dass der Verfasser mit dem Apostel Matthäus identisch ist.

Das Lukas-Evangelium wurde ebenfalls zwischen 80 und 90 geschrieben. Lukas war ebenfalls kein Apostel, sondern ein Arzt aus Antiochia, der Paulus auf dessen Missionsreisen begleitete.

Das Johannes-Evangelium wurde von 110 bis 120 auf der griechischen Insel Patmos geschrieben. Hier steht wegen des hohen Alters nicht fest, ob es sich bei dem Verfasser um den Apostel Johannes gehandelt hat.

Nun zu den Ereignissen, die sich vor Pontius Pilatus abspielten. Da sich die Evangelien hier widersprechen, schildere ich eine Version, die allen Vieren gerecht wird:

Nachdem Jesus der Gotteslästerung für schuldig befunden wurde, führte man ihn gefesselt zum Palast des jüdischen Königs Herodes. Dort residierte Pontius Pilatus, der römische Statthalter. Wegen des bevorstehenden Passahfestes und des damit zusammenhängenden Reinheitsgebots blieben die jüdischen Führer und Tempelpriester vor dem Prätorium stehen. Pilatus kam heraus und fragte nach ihrem Begehren. Da stießen sie Jesus vor und schimpften ihn einen Verbrecher. Als Pilatus nach dem Grund fragte, antworteten sie: „Wenn er kein Übeltäter wäre, hätten wir ihn Dir nicht ausgeliefert." Pontius Pilatus sah hierin kein Verbrechen und sprach: „Nehmt ihn und richtet ihn nach Eurem Gesetz." Doch die jüdischen Autoritäten bedrängten ihn: „Er wiegelt das Volk auf. Zuerst in Galiläa und jetzt in Judäa. Und er behauptet von sich, ein König zu sein, den Gott geschickt hat. Du wirst es lange bereuen, wenn Du diesen gottlosen Mann freilässt."

Da wendete sich Pilatus an Jesus und sagte: „Hörst Du nicht, wie sehr sie Dich beschuldigen? Warum sagst Du nichts dazu?" Doch Jesus erwiderte kein Wort. Darüber wunderte sich der Statthalter sehr. Da nahm er Jesus ins Haus und fragte ihn: „Bist Du der König der Juden?" Da stellte Jesus eine Gegenfrage: „Sagst Du das von Dir aus oder haben Dir das Andere gesagt?" Da entgegnete Pilatus: „Bin ich denn Jude? Dein eigenes Volk und die Oberpriester haben Dich an mich ausgeliefert." Da antwortete Jesus: „Ja, ich bin ein König. Aber Mein Königtum ist nicht von dieser Welt. Wenn es von dieser Welt wäre, hätten meine Leute für mich gekämpft, damit ich Dir nicht ausgeliefert worden wäre. Aber mein Königreich ist nicht von hier. Ich bin dazu geboren und in die Welt gekommen, dass ich für die Wahrheit Zeugnis ablege. Jeder, der aus der Wahrheit ist, hört auf meine Stimme." Pilatus musterte den Mann, der vor ihm stand. Er war sich nicht sicher, ob dieser Mann schuldig war. Da dachte er bei sich: „Ich will ihm eine Chance geben."

Pilatus hatte die Angewohnheit, jedes Jahr zum Passahfest einen Gefangenen zu begnadigen. Diesen durfte sich das Volk selbst auswählen. Er ging also hinaus und sprach: „Zum Passahfest werde ich heute einem Gefangenen die Freiheit schenken. Wen soll ich nehmen, den Mörder Barabbas oder den Jesus, den man den Messias nennt?" Da hetzten die Hohepriester die versammelte Menge auf, damit sie für den Barabbas bitte. Also schrien die Leute: „Den Barabbas." Pilatus fragte darauf: „Und was soll ich mit dem machen, den Ihr König der Juden nennt?" Da schrien sie: „Ans Kreuz mit ihm." Pilatus aber fragte: „Was hat er denn Übles getan?" Sie aber schrien noch mehr und riefen: „Lass ihn kreuzigen."

Da Pilatus einsah, dass er nicht vorankam, wusch er seine Hände in Unschuld und verkündete sein Urteil: „Da nur der römische Kaiser befugt ist, Könige einzusetzen, verurteile ich Dich hiermit wegen unbefugten Führens eines Königstitels zum Tode am Kreuz." Umgehend danach begann die Urteilsvollstreckung.

Der Höhepunkt des in den Evangelien beschriebenen Prozesses gegen Jesus war sicherlich der Begnadigungsversuch. Dass Pilatus jedoch die Angewohnheit hatte, jedes Jahr zum Passahfest einen Gefangenen zu begnadigen, war weder römische Sitte, noch wurde ein solcher Akt jemals in den römischen oder jüdischen Aufzeichnungen erwähnt. Daher wird von Historikern bezweifelt, ob er überhaupt jemals stattgefunden hat.

Machen wir nochmals einen Sprung ins alte Rom: Als die Stadt, wie bereits im Kapitel „Der Beginn des Judenhasses" erwähnt, im Jahre 64 n. Chr. neun Tage lang brannte, da kam es zu den Ereignissen, die den christlichen Judenhass anheizten. Als das Feuer nämlich mehrere Stadtteile vernichtete und Kaiser Nero die Christen der Brandstiftung beschuldigte, da flohen diese und versteckten sich in ihren Häusern und mischten sich unter die Betenden in den jüdischen Synagogen. Da drohte der Kaiser denjenigen schwere Strafen an, die die gesuchten Christen verbargen. Daraufhin verboten die Juden den Christen den Zutritt zu ihren Gotteshäusern.

Als Kaiser Nero „etliche Mitglieder" der ca. 3.000 zählenden Christengemeinde gefangen nahm, mussten sie die Tat, die sie wahrscheinlich nie begangen hatten, unter Folter gestehen. Als Strafe dachte sich Nero ein grausames Zirkusspiel aus: In seinem Park mussten die Christen gegen wilde Hunde kämpfen. Andere wurden ans Kreuz geschlagen oder mussten den Feuertod sterben.

Als der Märtyrer Justin um 150 n. Chr. die erste Anklage gegen die Juden erhob, ist seine Wut wegen des Synagogenverbots ja noch zu verstehen. Aber er begann seinen Vorwurf mit dem folgenschweren Satz: „Den Gerechten habt Ihr getötet." Hier war es, das Zauberwort, das das Judentum kollektiv des Mordes beschuldigte. Es suggeriert, dass das gesamte jüdische Volk den Jesus Christus auf dem Gewissen hat. Da nach Justin auch die späteren Hassredner stets die Kollektivschuld des jüdischen Volkes betonten, dachte ich darüber nach, wer tatsächlich für den Tod des Jesus verantwortlich war. Zunächst war klar, dass vier Gruppierungen an der Kreuzigungsgeschichte beteiligt waren:

1. Das jüdische Religionsgericht
2. Pontius Pilatus
3. Die jüdischen Führer und Tempelpriester
4. Die aufgehetzte Menschenmenge

Da die römische Rechtsprechung die Gerichtsbarkeit darstellte, sprach ich Pontius Pilatus von jeder Schuld frei. Desgleichen das jüdische Religionsgericht, weil es nur Empfehlungen aussprach, aber kein Urteil. Blieben noch die jüdischen Führer und Tempelpriester, sowie die aufgehetzte Menschenmenge. Was diese aufgehetzte Menschenmenge betrifft, so geht aus den Evangelien nichts Näheres über sie hervor. Merkwürdig dabei ist, dass überhaupt eine Menschenmenge anwesend gewesen sein soll, denn man brachte Jesus in aller Herrgottsfrühe zu Pontius Pilatus. Und da nicht feststeht, ob der Begnadigungsversuch überhaupt stattgefunden hat, mochte ich die jüdischen Tempelpriester und die aufgehetzte Menschenmenge auch nicht anklagen. Mit anderen Worten war ich keinen Schritt weitergekommen.

Ein paar Tage später gingen mir plötzlich ein paar Fragen im Kopf herum: „Warum blieben die Jünger des Jesus nicht an seiner Seite, als er zum Haus des Hohepriester Kaiphas abgeführt wurde? Warum verteidigten sie ihn nicht mit Händen und Füßen?" Stattdessen, so steht geschrieben, flohen sie, nachdem der von Judas verratene Jesus verhaftet wurde. Und zum Schluss wurde Jesus auch noch von Petrus verraten. Da kam mir ein übler Verdacht. Konnte es sein, dass die Apostel die Wurzel allen Übels darstellten? Sie erfüllten alle antisemitischen Vorurteile geradezu auf perfekte Art und Weise: Sie waren treulos, geldgierig, feige und falsch. Waren sie also für die Entstehung des Antisemitismus verantwortlich und wurde die ganze Begnadigungsgeschichte nur erfunden, um die Schuld von ihnen abzuwälzen? Ein solches Täuschungsmanöver wäre der folgenschwerste Betrug aller Zeiten gewesen und die „Protokolle der Weisen von Zion" nur eine Art Kopie des Originals.

In diesem Zusammenhang wird der „Antiochenische Zwischenfall" interessant: Als Petrus die christlichen Gemeinden in Antiochien besuchte und von den Leuten des Jakobus kritisiert wurde, weil er mit den Unbeschnittenen gemeinsam zu Tisch saß, da gab er seine Tischgemeinschaft mit den sog. Heidenchristen auf (als Heidenchristen wurden die frühen Christen heidnischer Herkunft bezeichnet). Da ihm die anderen Mitglieder der Jerusalemer Urgemeinde gleich taten, machte sich Hass unter den Heidenchristen breit. Hinter vorgehaltener Hand sprachen sie: „Schaut nur, wie stolz sie sind, diese Juden, obwohl sie Jesus verraten und verleugnet haben." Genau an diesem Punkt flammten ihre alten Vorurteile gegen die Hebräer wieder auf.

Damit sind wir am Ende der Geschichte angelangt. Der Begnadigungsversuchs und die damit zusammenhängende kollektive Mordanklage gegen die Juden könnte ein Ablenkungsmanöver der Kirchentheologie gewesen sein, um die Wahrheit über die Jerusalemer Urgemeinde zu vertuschen. Gleichzeitig konnte sich das Christentum auch vom Judentum abgrenzen. Das Volk Israel wurde demnach zum Sündenbock gestempelt, damit sich die Kirchengemeinschaft besser entwickeln konnte.

Der Begriff „Sündenbock" ist übrigens biblischer Herkunft. Jedes Jahr zu Jom Kippur machte der Hohepriester die Sünden des Volkes Israel bekannt und übertrug sie symbolisch auf einen Ziegenbock. Dieser wurde dann als Sündenbock in die Wüste verjagt.

Zum Schluss möchte ich Ihnen noch schildern, wie ich mir die Missionspredigten des von der Kirche als Goldmund verehrten Chrysostomos so vorstelle:

„Hört Leute, der Heiland ist geboren in Bethlehem. Er wirkte Wunder über Wunder. Taube konnten hören, Blinde konnten sehen und Gelähmte erhoben sich und gingen freudig nach Hause."

Da reckten die Heiden ihre Hälse und schrien: *„Erzähl mehr von der frohen Botschaft."* Da berichtete Goldmund von der Liebe Jesu, seinen Wundertaten und davon, dass er für alle gestorben war. Als den Heiden die Herzen aufgingen, da schnappte die Falle zu: Goldmund beschrieb den Prozess und den Begnadigungsversuch des Pontius Pilatus in allen Einzelheiten. Als er zu der Stelle kam, an der das versammelte Volk der Juden den Jesus ans Kreuz brüllte, da sprang das Heidenvolk auf und schrie wutentbrannt nach Rache. Und schon zappelte es im Netz der Kirche.

Meine Endlösung

Wir können uns heute gar nicht mehr vorstellen, welche Macht die Kirche einst besaß. Sie betrachtete die Gedankenfreiheit bis Ende 17. / Anfang 18. Jahrhunderts als ihr Privileg. Um die Menschen zu kontrollieren, deklarierte sie vier geistige Grundgesetze:

1. Gott liebt dich und hat einen Plan für dein Leben.

2. Der Mensch ist sündig und von Gott getrennt. Deshalb kann er die Liebe und den Plan Gottes weder erkennen noch erfahren.

3. Jesus Christus ist Gottes einziger Ausweg aus der Sünde der Menschen. Durch ihn können sie die Liebe Gottes und Seinen Plan für ihr Leben kennen lernen und erfahren.

4. Wir müssen Jesus durch persönliche Einladung als Erlöser und Herrn aufnehmen. Dann können wir die Liebe Gottes und Seinen Plan für unser Leben erfahren.

Im Laufe der Industriellen Revolution (ab Mitte 18. Jahrhundert) und der Französischen Revolution (1789-1799) erwachte der kollektive Volkswille, sich eigene Meinungen zu bilden.

Ich möchte an dieser Stelle mit dem Vorurteil aufräumen, dass Juden intelligenter sind, als andere Menschen. Der Unterschied zwischen Juden und Christen besteht lediglich darin, dass sich die Juden besser entwickeln konnten. Durch die äußeren Zwänge hatten sie im Mittelalter keine andere Überlebenschance, als die Kunst des Handels zu perfektionieren. Nachts aber studierten sie die Tora und debattierten über die verschiedenen Auslegungsmöglichkeiten. Da sie von keiner zentralreligiösen Autorität gesteuert wurden, konnten sie tief in die religiösen Texte eindringen.

Welche Wirkung eine solche geistige Freiheit hatte, bewiesen die Juden immer und überall. Wo man sie in Frieden leben ließ, befruchteten sie ihren Lebensraum mit Wissenschaft, Wirtschaft und Kultur. In Berlin z. B. lebten Anfang des 19. Jahrhunderts die meisten der ca. 3000 Juden in ärmlichen Verhältnissen. Als ihnen die freie Berufswahl erlaubt wurde, brachten sie bald Wissenschaftler, Schriftsteller, Musiker, Bankiers und Großkaufleute hervor, die später auch als Reformer und Vorkämpfer für die soziale Gleichberichtigung kämpften.

Die Blüte der geistigen Freiheit zeigt sich jedoch in der Tatsache, dass die Juden, obwohl sie weltweit nur 13 - 14 Millionen zählen (entspricht der Einwohnerzahl von Niedersachsen und Hessen), ein gutes Viertel aller Nobelpreisträger stellen. Vor allem in Medizin, Chemie, und Physik haben sie Hervorragendes für die Menschheit geleistet.

Die geistige Unfreiheit dagegen wird sichtbar in der Geschichte des berühmten Wissenschaftlers Galileo Galilei. Als er sein Teleskop baute und damit die Erkenntnisse des Kopernikus (1473 – 1543) bestätigte, dass sich nämlich die Erde um die Sonne dreht, legte die Kirche ihr Veto ein. Lt. Kirchenrecht nämlich kreisten Sonne und Sterne um die Erde. Daher entsprach die sog. „Kopernikanische Astronomie" nicht der Heiligen Schrift und wurde als „absurd, irrgläubig und gotteslästernd" abgelehnt. Nach einem Inquisitionsverfahren wurde Galilei 1633 gezwungen, seinen Überzeugungen abzuschwören. Anschließend wurde er bis zum Lebensende unter Arrest gestellt. Doch eines Tages tat er seinen berühmten Ausspruch: „Und sie bewegt sich doch." Zu bemerken ist, dass die Kirche Galilei erst im Jahre 1992 (!) rehabilitierte.

Eine ganz andere Frage ist die, warum sich die Juden als „Gottes auserwähltes Volk" betrachten. Das liegt an Abrahams Erklärung, dass sich ihm Gott offenbarte. In der östlichen Mystik wird eine solche Offenbarung als „Erleuchtung" beschrieben. In der Erleuchtung erscheint einem aber kein Gott in Form eines beschreibbaren Objekts, sondern man erkennt sein eigenes Wesen als vollkommen unbegrenzten Raum. Dieser Raum ist das, was wir als Gott bezeichnen und daher ist nichts auf der Erde oder im Weltraum von Gott getrennt. Wie aber sollte Abraham seine Erfahrung beschreiben? Es gab ja in Mesopotamien keine Erleuchtungskultur, die den Juden verständlich gemacht hätte, was ihm da widerfahren war. Um sie von ihrer Vielgötterei abzuschwören, erfand Abraham daher seinen Bund mit Gott, der ihm ein blühendes Land und eine zahlreiche Nachkommenschaft versprochen hatte; die Gott dann zu seinem geliebten Volk erwählen wolle. Um ein sichtbares Zeichen des Bundes zu tragen, sollten alle männlichen Juden beschnitten werden. Damit bediente er das kollektive Ego der Israeliten, das sich nun als etwas Besonderes fühlen konnte. Die Erfindung Abrahams zeigt sich in der Tatsache, dass die Beschneidung, wie bereits erwähnt, schon lange vor seiner Geburt praktiziert wurde.

Einen guten Rat hätte ich noch für Papst Franziskus: Er sollte die Juden öffentlich um Verzeihung bitten für den zweitausendjährigen kirchlichen Antijudaismus. Er sollte dies am Jom Kippur tun, denn dieser höchste Feiertag gilt den Juden als Versöhnungstag. Dann könnte sich die Kluft zwischen den beiden Religionsgemeinschaften endlich schließen.

Und die Kirche könnte noch viel mehr tun. Sie darf nicht weiter zuschauen bei den über eine Milliarde in Armut lebenden Menschen, die an Unterernährung, Not und Epidemien leiden. Sie muss beginnen, die Regierungen nachdrücklich aufzufordern, ihre Ausgaben für Waffen und Militär drastisch zu senken. Diese belaufen sich derzeit weltweit auf knapp fünf Milliarden Dollar täglich (!) und sollten lieber den Entwicklungsländern zur Verfügung gestellt werden. Dann würde dort ein wirtschaftlicher Aufschwung stattfinden, wie ihn die Welt noch nie erlebt hat.

Und davon würden alle anderen Nationen nachhaltig profitieren. Wenn die Kirche nur halb so viel gegen die Rüstungsausgaben auf dieser Welt wettern würde, wie sie das viele Jahrhunderte lang gegen das Judentum getan hat, dann gäbe es reelle Chancen für eine menschlichere Weltgemeinschaft. Und das würde ich dann als Königreich Gottes bezeichnen.

Ich befürchte jedoch, dass der Vatikan seine Zeit brauchen wird. Schließlich scheint er mir ein eingefahrener Apparat zu sein, der in seinen Strukturen ziemlich verkrustet ist. Aber vielleicht könnte Papst Franziskus gewisse Vorkehrungen treffen, um die wahrhafte Brüderlichkeit, in sagen wir einmal hundert Jahren, zu ermöglichen. Wie ich mir diese vorstelle, beschreibe ich Ihnen in der folgenden Geschichte. Vorher aber möchte ich dem Staat von Israel noch einen guten Rat geben: Er sollte Jesus Christus posthum als einen seiner Könige ausrufen. Das würde zwar für viel Aufregung im Vatikan sorgen, doch es steht schon auf vielen Christengräbern geschrieben:

INRI Jesus Nazarenus Rex Judaeorum
(Jesus von Nazareth König der Juden)

Die große Versöhnung

Im Jahr 2100 kommt es im berühmten Hotel King David in Jerusalem zu einem Treffen hochrangiger Vertreter des Christen- und Judentums. Zunächst erhebt sich Papst Pius XIII. und begrüßt die Anwesenden:

„Im Namen unserer beider Weltreligionen heiße ich Sie, sehr verehrte Anwesende, herzlich in Jerusalem willkommen. Ganz besonders herzlich begrüße ich den sehr verehrten Oberrabbiner von Jerusalem, Herrn Moishe Schwarzkopf. Wir sind hier zusammengekommen, um unsere beiden Religionsgemeinschaften miteinander auszusöhnen. Mit dieser Tat loben wir unseren Herrn Jesus Christus, der uns die Nächstenliebe befahl. Dies ist ein historischer Augenblick und ich bitte Sie nun, sich zu erheben."

Nachdem alle stehen, wendet sich der Papst an seine Schäflein und ruft: „Und nun Christen, tretet vor und reicht den Juden Eure Hände, damit sie Gelegenheit haben, sich zu entschuldigen, für den Mord an unserem Herrn."

Schlagartig breitet sich ein Tumult unter den Juden aus. Sie schreien wild durcheinander und man kann kaum ein Wort verstehen. Doch hört man einzelne Sätze heraus, wie, dass sie niemanden ermordet hätten und dass sie nicht hergekommen seien, um sich diese Frechheiten anzuhören. Die Christen schauen sich bestürzt an. Da erhebt Papst Pius XIII. seine Arme und ruft: „Haltet ein, meine Freunde. Ich muss Sie dringendst ersuchen, unserer Bitte nachkommen." Doch die Juden schreien nur um so lauter, bis der Oberrabbiner sie zum Saal hinaustreibt. Es ist nicht zu überhören, dass er draußen so lange um Ruhe brüllt, bis endlich alle halbwegs still sind. Dann erbittet er Vorschläge über die weitere Vorgehensweise. Da jedoch jeder eine andere Meinung hat, geraten sie sich kurz darauf in die Haare.

Zwei Stunden später kehren sie abgekämpft in den Ballsaal zurück. Der Oberrabbiner teilt dem Papst mit, dass sie die Bedingung um des Frieden Willens annehmen. Allerdings sind sie der Meinung, dass es vollkommen genügt, wenn ein Jude einem Christen die Hand reicht. Für diese Aufgabe wurde der Aushilfsrabbiner Schlomo Habermann bestimmt.

Nun bricht ein Gemurmel unter den Christen aus und sie ziehen sich zur Beratung zurück. Sie erörtern alle theologischen Standpunkte und treffen schließlich die gemeinsame Entscheidung, den Vorschlag des Oberrabbiners anzunehmen. Dann wählen sie einen Vertreter aus ihrer Mitte, der dem Juden Habermann die Hand zur Versöhnung reichen soll. Es handelt sich um den Kardinal Victor Ramarosa, Erzbischof von Madagaskar.

Die Zeremonie beginnt und der Christ und der Jude treten hervor und stellten sich in der Mitte des Saales auf. Da stößt der Jude den Christen mit dem Ellenbogen an und flüstert ihm ins Ohr: „Hören Sie, ich reiche Ihnen jetzt meine Hand und Sie tun so, als hätten Sie es nicht bemerkt. Dann entschuldigen Sie sich und wir sind quitt." Der Erzbischof ist konsterniert, dreht sich empört um und flieht zu den Seinen.

Der Papst erhebt sich daraufhin und zieht sich mit den seinen ins Zölibat zurück. Man kommt gemeinsam überein, auf den getroffenen Vereinbarungen zu bestehen. Nachdem man dies der jüdischen Delegation mitgeteilt hat, befiehlt der Oberrabbiner die aufs Neue aufbrausenden Juden sofort zu einer weiteren Besprechung in den Nebenraum. Dort bricht umgehend eine Schlägerei aus.

Zwei Stunden später kehren sie mit zerrissenen Gewändern zurück und teilen dem christlichen Oberhaupt mit, dass sie zunächst einen Juden außerhalb des Landes suchen müssen, weil sich in Israel niemand finden lassen wird, der sich für das KZ auch noch entschuldigt.

Bald findet der israelische Geheimdienst Mossad in einem belgischen Altersheim einen schwerhörigen Juden namens Maurice Grienberg. Der versteht zwar gar nicht, worum es hier geht, doch freut er sich über das schöne Geld, das man ihm gegeben hatte. Man fliegt ihn nach Israel, wo es in Jerusalem umgehend zur erneuten Zusammenkunft beider Parteien kommt. Doch der Papst teilt den Juden bedauernd mit, dass der Kardinal Victor Ramarosa, Erzbischof von Madagaskar, inzwischen das Zeitliche gesegnet hat. An seine Stelle sei nun der österreichische Altbischof Dr. Adolf Gruber getreten. Dieser soll dem Juden jetzt die Hand zur Versöhnung ausstrecken. Der Papst klopft auf den Tisch und ruft: „Liebe Gläubige, wir wollen mit der Zeremonie beginnen." Da stellt sich heraus, dass der Maurice Grienberg verschwunden ist.

Als ihn die israelische Polizei nach landesweiter Suche im Foyer eines Luxushotels in Tel Aviv findet, weigerte er sich mitzukommen, weil er gerade hinter der reichen Witwe her ist, die er auf dem Flug nach Israel kennengelernt hatte. Man steckt ihn in ein Polizeiauto und befördert ihn mit einer Militärkolonne zurück nach Jerusalem. Unterwegs erinnert man ihn an die historische Bedeutung des Ereignisses und fordert ihn eindringlich auf, diesem Dr. Gruber unbedingt die Hand zu reichen.

Nach seiner Ankunft wird er unmittelbar in den großen Saal geführt, wo der mürrisch dreinblickende Österreicher schon auf ihn wartet. Nun beginnt der große Versöhnungsakt. Als die Beiden ihre Hände ausstrecken, lugt unter dem Ärmel des Grubers eine goldene Armbanduhr hervor. Dem Juden stockt der Atem. Er packt den Altbischof am Handgelenk und zieht es an sich, um das edle Stück prüfen. Da fährt dem Gruber das Blut in den Kopf und er schreit: „Was fällt Ihnen ein?" Doch der Grienberg fragt: „Unter uns Bruder, was ist sie Wert?" Da erblasst der Altbischof, dreht sich um und kehrt erbost zu den Seinen zurück.

Der Papst beruft sofort alle Schafe zur Beratung. Man kommt überein, dass dieses Verhalten nicht zu akzeptieren sei. Nach einer ausgiebigen Debatte wird beschlossen, dass eine Abreise unter diesen Umständen dringend erforderlich ist. Um das Ergebnis mitzuteilen, kehrt man geschlossen in den Saal zurück.

In diesem Moment betreten zwei merkwürdige Gestalten den Festsaal. Einer trägt billige Latschen und ein schmuddeliges Gewand und der Andere sieht aus wie sein gütiger Vater. Die beiden Männer treten in die Mitte des Saales und der jüngere blickt zu den Christen und ruft zornig: „Seit über 2000 Jahren ärgere ich mich nun schon herum mit Euch. Habe ich Euch nicht damals schon gesagt, dass Ihr Euren Nächsten lieben sollt?"

Da lächelt sein Vater milde und löste sich in Luft auf. Der Sohn ruft ihm verzweifelt hinterher: „Vater, warum hast du mich verlassen?" Da fährt eine Stimme hernieder: „Weil du schon wieder anfängst mit der alten Leier." Und plötzlich ruft die Stimme: „Höret Juden, Ich bin Euer Gott und ich habe mit Euch einen Bund geschlossen. Das wichtigste Gebot der Tora war das der Nächstenliebe. Doch seit 2100 Jahren spottet Ihr über diesen Hippie hier, den Ich Euch gesandt habe." Die Juden schauen sich betreten an und beginnen zu grübeln. Da fährt die Stimme fort: „Und nun zu Euch Ihr Christen: Warum betet Ihr den König der Juden an, verachtet jedoch sein Volk?" Da versinken diese vor Scham in den Boden. Doch noch einmal erklingt die Stimme: „Hört und es wird Frieden herrschen zwischen Euch." Und dann erzählt Er diesen Witz:

„Ein Jude zog in eine ziemlich katholische Gegend. Freitags wurden die Katholiken jedoch immer sehr nervös, weil während sie ihren Fisch aßen, der Jude genüsslich im Garten saß und sich saftige Steaks grillte. Also suchten sie ihn auf und missionierten ihn zum Christentum. Als er nichts dagegen hatte, brachten sie ihn zu einem Priester. Dieser besprenkelte ihn mit gesegnetem Wasser und sprach: „Geboren als Jude ... gelebt als Jude ... und jetzt ein ... Katholik!" Die Katholiken waren begeistert: keine verführerischen Gerüche mehr am Freitag ...

Doch am nächsten Freitag zog der Grillgeruch wieder wie üblich durch die Nachbarschaft. Die Katholiken rannten zum Hause des Juden und erinnerten ihn an seinen neuen Glauben. Da stand er auf, nahm eine Schale Wasser, sprenkelte es über das Fleisch und sprach: „Geboren als Rind ... gelebt als Rind ... und jetzt ein ... Fisch!"

Nach einem kurzen Moment des Schweigens brechen alle Anwesenden in schallendes Gelächter aus und Gott ruft angetan: „Und nun reichet Euch die Hände." Da fallen sich alle jubelnd in die Arme und werden lange bezeugen, wie es war, als das Tausendjährige Reich anbrach. Halleluja